Con María, la nuestra

Escenas para el gozo

Alejandro Fernández Barrajón

Con María, la nuestra

Escenas para el gozo

Paulinas

Foto cubierta: Eduardo González del Puerto

© PAULINAS 2024
   Carril del Conde, 62 - 28043 Madrid
   Tel.: 91 721 89 84 - Fax: 91 759 02 04
   E-mail: editorial@paulinas.es
   www.paulinas.es

© Alejandro Fernández Barrajón

ISBN: 978-84-19408-31-0
Depósito Legal: M-7196-2024

Impreso por Gar.Vi. 28970 Humanes (Madrid)
Printed in Spain. Impreso en España

A las madres, a la mía, a las de todos,
porque hemos sabido del amor
de Dios a través de su amor divino.

A María Carmen Arias y Jesús Arenas, mis amigos,
firmes en la fe a pesar de todo lo vivido.

A María Teresa Ortiz Villahermosa
y Mercedes Cano Esquivel, por su
sensibilidad femenina y su generosidad.

A las Madres de los Desamparados
y san José de la Montaña por su
dedicación a los más indefensos.

A la Alianza en Jesús por María
en el centenario de su fundación.

Prólogo

Estaba yo presentando un libro en una librería de Paulinas en Madrid cuando se acercó una señora muy amable, Teresa, que deseaba conocerme y me pidió que le dedicara un libro. Después de los saludos acostumbrados, me pregunta si tengo algún libro sobre la Virgen María. Y descubro que no, a pesar de ser mercedario y haberme educado en una espiritualidad profundamente mariana. Y la señora me sigue diciendo: «¿Y por qué no lo escribe? Me encantaría saber lo que usted ha reflexionado sobre la Virgen». Y acepté el reto.

—Le prometo que voy a escribir un libro sobre mis reflexiones acerca de la Virgen María, señora Teresa.

Y aquí está, por fin, cumplida mi promesa. Es un libro que recoge algunas de mis meditaciones y reflexiones sobre la Virgen, basándome, sobre todo, en los textos bíblicos que nos hablan de ella, que son muy pocos, pero muy jugosos. He vivido desde niño envuelto en el afecto y la devoción a la Virgen María. Mi abuela, Constancia, y mi madre han sido mujeres de rosario frecuente y creo que, en gran parte, mi vocación mercedaria tiene mucho que ver con mi madre, que se llama Mercedes, y le hacía ilusión que su hijo estuviera bajo el manto y la protección de su patrona. He vivido en mi infancia las diversas devociones marianas en la parroquia y he terminado profesando en una Orden religiosa, que está dedicada a la Virgen María en su advocación de La Merced, la primera congregación religiosa en la Iglesia dedicada a la Virgen María, fundada en el siglo XIII. Tengo todas las papeletas para sentirme muy mariano. ¡Y me siento!

I
María, la de la Asunción

Los discípulos la encontraban cansada. Acudía, como siempre, a la oración y nunca le faltaba una sonrisa para cada uno; para Juan, Pedro, Andrés, Santiago… Las comunidades cristianas crecían por doquier como espigas granadas, regadas por la sangre de los mártires. María sentía que todo se había cumplido. Desde aquel instante en que vio a su Hijo resucitado, encajaron todas las teselas del mosaico de la vida, y la luz llenó las rendijas más ocultas de toda una existencia, desde Nazaret a Jerusalén. Dios se empeña, la mayor parte de las veces, en hablarnos en medio del dolor y del sinsentido, como si prefiriera la noche para hablar más alto y claro. Sí, se la veía cansada, con las manos un poco temblorosas y repetía, una y otra vez, las mismas historias infantiles de Jesús y, sobre todo, aquel momento en que perdió al niño en Jerusalén. ¡Vaya susto! ¡Y pensar que después tenía que perderlo de nuevo en la cruz! Juan la acompañaba a la oración cogiéndole la mano y, de vez en cuando, había que parar para descansar un poco. Se fatigaba. ¡Qué dicha la de Juan al poder estrechar las manos arrugadas de María! Las mismas manos que habían envuelto al niño en pañales y habían tejido la túnica sin costura del Calvario. Una túnica sin costura como la Iglesia que brota de las manos generosas de María. ¡Toda la gracia de Dios había pasado por aquellas manos! El día en que Juan llegó solo a la oración, todos entendieron lo que había pasado. María estaba impaciente por abrazar de nuevo al Hijo, y una mañana, temprano, como queriendo madrugar, cerró sus ojos y esbozó una sonrisa para siempre. «Está dormida», decían los discípulos. «Está dormida», repetía Juan con los ojos vidriosos. La niña María, que se sentía nada en Nazaret, la madre tierna de la noche fría de Belén, la mujer fuerte al lado de la cruz era coronada Reina de la Creación. Dios la escogió una vez más y la hizo suya para siempre.

Dios ha mirado la humillación de su esclava.
Desde ahora me felicitarán todas las generaciones
porque el Poderoso ha hecho obras grandes en mí.

Y aquella tarde sintieron que se la llevaban a los cielos, radiante de gracia y hermosura, como si una fuerza poderosa la elevara sin esfuerzo alguno. Las nubes se fueron recogiendo de nuevo para dejarnos un velo de algodón que la apartó de la vista de los presentes. Y la Iglesia, tan celosa siempre de las cosas de Dios, la acogió como Madre para que nunca se la arrebataran. Por eso, cuando se hace de noche en nuestras vidas, cuando nos faltan las respuestas, cuando el dolor ennegrece nuestras mejores sonrisas, cuando nos tiembla el aliento porque el suelo se desploma a nuestros pies, cuando la soledad se hace tan espesa como la niebla, los creyentes miramos al cielo, y allí, en el centro más profundo de nuestras oscuridades, derrochando ternura a borbotones, por gracia de Dios, Virgen Purísima, Señora de la libertad, en medio de nuestro cielo: ¡Brilla una estrella!

2

María, testigo de la noche oscura

La noche oscura de la vida humana es, sin duda, la muerte. Dice Tagore, el gran poeta hindú y premio Nobel de literatura en el año 1913: «La muerte no significa que se apague nuestra luz, sino que nuestra lámpara ya no es necesaria porque llega la Aurora». Queremos iluminar con María el misterio de la muerte. Y me vais a permitir que lo haga dejándome ayudar por los poetas porque, tal vez ellos, como nadie, han sido capaces de encontrar las palabras más certeras y bellas para una realidad tan inquietante como la muerte. Todos los pensadores y poetas se han acercado al misterio de la muerte para iluminar, en lo posible, nuestro caminar como seres que han de encontrase necesariamente con ella. María sufrió también la muerte de su hijo igual que una espada clavada en el alma. Hay muchas imágenes de María atravesada por siete espadas. Siempre he pensado que no debe haber dolor comparable a la muerte de su hijo. Y ella siguió confiando y orando, en la primera comunidad, convencida de que la muerte no tenía la última palabra.

La muerte es el misterio de los misterios. Pero no es, como a veces pensamos, el drama de la vida. ¡No!

El drama de la vida no es la muerte; es la vida sin calidad, sin amor, instalada en la mentira, en la soledad impuesta, en el odio, en la injusticia. No hay mayor drama que la falta de amor porque, si falta el amor, la vida palidece hasta convertirse en una carga pesada. Pero el amor todo lo dignifica y es, en definitiva, más poderoso que la muerte. Lo decía Quevedo:

Alma, a quien todo un Dios prisión ha sido,
venas, que humor a tanto fuego han dado,
médulas, que han gloriosamente ardido,
su cuerpo dejará, no su cuidado;
serán ceniza, mas tendrá sentido;
polvo serán, mas polvo enamorado.

Todos tenemos experiencias de muerte. En los otros: se nos van los padres, los familiares, los amigos… En nosotros: pecado, falta de amor, odio, venganza, violencia, desprecio, vulgaridad… En la naturaleza: las hojas se secan con la llegada del otoño y todo se vuelve frío y gris. El aguijón de la muerte es el pecado, dice la Sagrada Escritura. El paso del tiempo va dejando en nosotros huellas de fugacidad: perdemos energías, ilusiones, nos salen canas y arrugas, nos ponemos a contarnos nuestros dolores y penas. Y nos preguntamos, como el poeta Jorge Manrique (Siglo xv), por qué esta realidad cruda de la muerte:

Recuerde el alma dormida,
avive el seso y despierte
contemplando

cómo se pasa la vida,

cómo se viene la muerte tan callando.

(Jorge Manrique, *Coplas a la muerte de su padre*)

La muerte nos une a todos en la misma realidad ante Dios. Venimos desnudos y entre llantos, nos vamos desnudos y entre llantos. Los seres humanos nos empeñamos en hacer distinciones y diferencias entre nosotros, por la cultura, por las riquezas, por el origen, ¡tarea inútil! La muerte nos hermana a todos y nos presenta ante Dios sin máscaras.

¡Qué bien lo dice Jorge Manrique!:

Nuestras vidas son los ríos

que van a dar a la mar,

que es el morir;

allí van los señoríos

derechos a se acabar y consumir.

Allí los ríos caudales,

allí los otros medianos

y más chicos;

allegados son iguales

los que viven por sus manos

y los ricos.

Cuando nos falta la referencia a Dios, a la trascendencia, a lo absoluto, perdemos pie en la realidad y nos desmoronamos, porque parece que la vida al final es un soplo innecesario y fugaz. Una náusea, como decían los filósofos existencialistas ateos que defendían la inexistencia de Dios, un callejón sin salida.

Mirad cómo lo expresa Machado ante la muerte de su joven esposa, Leonor, de la que estaba profundamente enamorado:

Señor ya me arrancaste lo que yo más quería,
oye otra vez, Dios mío, mi corazón clamar,
tu voluntad se hizo Señor contra la mía,
ahora ya estamos solos mi corazón y el mar.

Cuando la muerte se plantea así, como el final de un callejón sin salida, como lo último y definitivo, brota espontáneamente el deseo de consumir la vida, de aprovecharla al máximo, de optar por lo puramente placentero y egoísta.

Lo expresa muy bien Garcilaso de la Vega (siglo XVI) cuando dice:

Coged de vuestra alegre primavera
el dulce fruto antes que el tiempo airado
cubra de nieve la hermosa cumbre.
Marchitará la rosa el tiempo helado,
todo lo mudará la edad ligera
por no hacer mudanza en su costumbre.

Pero la muerte, desde una perspectiva creyente, no es el final. Cristo es el dueño de la vida y de la muerte, y así lo ha percibido María al pie de la cruz. ¡Dichosa tú, María, porque todo lo que te ha dicho el Señor se cumplirá!

Todas las culturas, breves o duraderas, han percibido esta esperanza de vida más allá de la muerte; las pinturas prehistóricas, el denario bajo la lengua de los difuntos de los griegos para pagar al barquero Creonte el pasaje de la laguna Estigia, los enterramientos mirando hacia el este con el cráneo pintado de rojo, las pirámides de Egipto...

Hay una palabra firme de Jesucristo sobre el misterio de la muerte:

—Voy a prepararos un sitio...
—Yo soy el camino, la verdad y la vida...
—He venido para que tengan vida y vida abundante...
—El que coma de este pan vivirá para siempre...
—Te lo aseguro, hoy estarás conmigo en el paraíso...

La vida se convierte así en un hermoso don, pero un don relativo comparado con la promesa firme de eternidad en el misterio amoroso de Dios. Por eso santa Teresa de Jesús (siglo XVI) dice:

Vivo sin vivir en mí
y tan alta vida espero
que muero porque no muero.

Sólo con la confianza
vivo de que he de morir
porque, muriendo, el vivir
me segura mi esperanza.
Muerte, do el vivir se alcanza,
no te tardes que te espero,
Que muero porque no muero.

Y Cristo nos ha abierto el camino, en la cruz, ante los ojos maternales de María. San Juan de la Cruz (siglo XVI) lo expresa simbólicamente en la muerte de un pastor enamorado de su pastora (la humanidad):

> Y al cabo de un gran rato se ha encumbrado
> sobre un árbol do abrió sus brazos bellos
> y muerto se ha quedado asido de ellos
> el pecho del amor muy lastimado.

A los creyentes nos mueven la fe y la esperanza de una vida llena de sentido, iluminada por Cristo, que pretende superar este valle de lágrimas, sin negar la cruz, si es necesaria, para llenar la vida de ilusión y de esperanza firme:

> Quien diga que Dios ha muerto
> que salga a la luz y vea
> si el mundo es o no tarea
> de un Dios que sigue despierto,
> ya no es su sitio el desierto
> ni en la montaña se esconde,
> decid, si preguntan dónde,
> que Dios está sin mortaja
> en donde un hombre trabaja
> y un corazón le responde.
> (*Liturgia de las horas*)

Vivamos, pues, unidos a Cristo y a la fe de la Iglesia, como vivió María. Hagamos presentes a nuestros difuntos en la oración de la comunidad, con la certeza de que un día compartiremos con ellos la alabanza de Dios en el regazo del Padre. Así lo escribió Unamuno en el epitafio que dejó escrito para su tumba:

Méteme, Padre eterno en tu pecho, misterioso hogar,
allí dormiré pues vengo cansado del duro bregar.

Hemos aprendido de María a saber esperar, a conservar la fe, a ser fuertes ante la adversidad. Que ella nos acompañe siempre.

La muerte es una noche oscura, es verdad, pero una noche que culmina con el alba, en Cristo, el sol que nace de lo alto. Y María nos acompaña iluminando con su fe la noche oscura de la muerte.

Martín Descalzo, cuando presiente su muerte cercana, escribe un hermoso poema que es toda una profesión de fe en la vida eterna:

> Y entonces vio la luz. La luz que entraba
> por todas las ventanas de su vida.
> Vio que el dolor precipitó la huida
> y entendió que la muerte ya no estaba.
> Morir sólo es morir. Morir se acaba.
> Morir es una hoguera fugitiva.
> Es cruzar una puerta a la deriva
> y encontrar lo que tanto se buscaba.
> Acabar de llorar y hacer preguntas;
> ver al Amor sin enigmas ni espejos;
> descansar de vivir en la ternura;
> tener la paz, la luz, la casa juntas
> y hallar, dejando los dolores lejos
> la Noche-luz tras tanta noche oscura.

3
María, la Bienaventurada

El anciano Simeón, en la escena de la presentación en el templo y de la purificación de María, nos hace una profecía de Cristo que se ha hecho muchas veces real en la vida de los creyentes. «Será una bandera discutida y así quedará clara la actitud de muchos corazones». En el Evangelio, Jesús se nos presenta, en sus palabras duras y exigentes, como una bandera discutida. Si nos acercamos a Él para oír lo que queremos oír saldremos defraudados. El Señor no desea adular nuestro oído y complacernos con palabras suaves y agradables. A Él no le interesa el «marketing» y la publicidad. Por el contrario, quiere ser tajante en la defensa de la verdad y de la justicia y nos ofrece una visión del Reino de Dios que nada tiene que ver con nuestras pretensiones humanas. Por eso, proclamar hoy, en serio y en voz alta, las Bienaventuranzas no es un acierto comercial o propagandístico. Los valores que Jesús nos propone en su Evangelio son cuanto menos contradictorios con el espíritu y el deseo que imperan en la sociedad en la que nos ha tocado vivir. A la lucha frenética por el poder a la que asistimos en tantos ámbitos de la vida social se opone el espíritu de la bienaventuranza que dice: «Los sencillos y mansos poseerán la tierra».

Frente al dinero, verdadero dios de nuestro tiempo, ¡cuántas realidades humanas se ven sometidas a él y cuántos enfrentamientos y enemistades por su culpa! Jesús nos propone que seamos pobres para que un día podamos ser ricos ante Dios. Frente a la cultura del placer y del bienestar, que sacrifica nobles ideales en aras de disfrutar y de gozar como meta última de la vida, Jesús nos dice que los que sufren y lloran alcanzarán el auténtico consuelo. Frente a la violencia que nos rodea, en la televisión y en la calle, entre las gentes y entre los países, en la familia y en la sociedad, Jesús nos invita a ser pacíficos para alcanzar el Reino. Frente a la corrupción, a veces tan generalizada en los ámbitos de poder, en las empresas, y en la vida íntima de tantos ciudadanos, Jesús opta por la utopía de la limpieza de corazón y de la necesidad de hacerse como niños para entrar en el Reino. Frente al individualismo que destruye las familias, las comunidades, la conciencia de Iglesia y las colectividades, el Evangelio nos invita a cultivar entrañas de misericordia, de solidaridad, de cercanía y de ternura con los que nos rodean. Frente a la injusticia que ha creado un mundo dividido y desigual que obliga a muchos seres humanos a cruzar el mar de manera precaria y peligrosa con el fin de alcanzar una vida más digna, Jesús nos pide que seamos hombres y mujeres hambrientos de justicia para poder saborear el Reino.

Por eso podemos decir de María que es una mujer de Bienaventuranzas. Ella ha entendido muy bien eso de la pequeñez, de la humildad, de la pobreza, de la mansedumbre. Ella ha sido una mujer limpia de corazón, inmaculada. Ella ha visto a Dios en el misterio de la Anunciación, porque ha encarnado como ninguna criatura las Bienaventuranzas de su Hijo. Aquí radica la esencia y el perfume más auténtico del Evangelio. Éste es el cristianismo puro, sin conservantes ni añadidos. Dice un pensador moderno, Gaudy: «Cuando he conocido a un cristiano de verdad, que vive para Dios, su vida refleja simplemente las Bienaventuranzas. Aquí está concentrado todo el cristianismo». Por eso, en hora y a deshora, a tiempo y a destiempo, esté o no de moda, la Iglesia proclama a los hombres y mujeres de buena voluntad, el Evangelio de Jesucristo como un camino de esperanza y de realización para todos. Las Bienaventuranzas son la esencia de este Evangelio, el programa de vida para cuantos confían en Jesucristo como Salvador.

Benditos los hombres y mujeres sencillos que han hecho de su vida una opción callada por la verdad.

Benditos los niños que no se preparan para ser más que los demás y tienen entrañas compasivas.

Benditos los estudiantes que saben que gozan del privilegio de la cultura y se preparan no solo para sí mismos, sino para aportar sus conocimientos al progreso de todas las personas y, sobre todo, de las más marginadas.

Bendita sea la Virgen María que ha vivido en primera persona el espíritu de las Bienaventuranzas en su humildad, su disponibilidad y su escucha atenta de la Palabra.

Benditos los empresarios que aprovechan los momentos más favorables de la economía, cuando bajan los tipos de interés, no solo para recoger beneficios sino también para crear puestos de trabajo, fomentar el empleo y permitir salarios justos.

Benditos los obreros que son fieles a su trabajo y solidarios en las necesidades de los que no tienen la suerte de disfrutar de un empleo digno y no defraudan a la sociedad cobrando el paro y trabajando a la vez ilegalmente.

Benditos los científicos e investigadores que sueñan con hacer más humano nuestro mundo y no solo en acrecentar su fama y sus ingresos.

Benditos los políticos que sirven a su pueblo con honradez, potencian la justicia y la equidad, la paz y la concordia entre los pueblos y no actúan con simples criterios partidistas e ideológicos.

Benditos los llamados al sacerdocio y a la vida consagrada que han puesto su corazón en el Señor y no se dejan sobornar por pequeños diosecillos de la tierra.

Benditos los artistas y los poetas que saben destacar la belleza de todo lo creado y ponerla sobre la mesa para que todos la disfrutemos y alabemos a Dios por ella.

Benditos los misioneros y las Oenegés y Cáritas, y tantas instituciones de solidaridad, que tienen la boca siempre llena de Evangelio y las manos llenas de medicinas, ropa, libros y lentejas para los más pobres.

Benditos los pobres que no maldicen a Dios en medio de su pobreza, sino que confían en su misericordia.

Bienaventurados los ricos que saben compartir sus bienes y tienen claro que todos somos pobres, que saben romper la telaraña del materialismo y son también jóvenes por dentro.

Bienaventurada la señora del piso de al lado que nunca conseguirá un premio Nobel, pero sabe sonreír y limpia con espíritu de servicio el portal de la comunidad y está siempre disponible para todas las vecinas que la necesitan.

Bienaventurada la madre de familia que pone cada día lo mejor de sí misma en sus hijos, en su esposo y en todos los de su casa, aunque se valore muy poco su trabajo, porque Dios sabe mirar el corazón.

Bienaventurado el padre de familia que, además de trabajar por sus hijos y su esposa, tiene los bolsillos llenos de honradez y fidelidad.

Bienaventurado el médico, la enfermera y el personal sanitario que, además de cumplir bien sus obligaciones profesionales, añade horas extras de cariño y humanidad con los enfermos que más sufren.

Bienaventurado el profesor y el maestro que sabe que su labor es transcendente para la sociedad y no se conforma con enseñar contenidos, sino que transmite sobre todo valores.

Y bienaventurados nosotros si sabemos llenarnos cada día de Dios y repartirlo a manos llenas llevando una vida sencilla, religiosa y compartida.

Porque así crecerá cada día nuestra cuenta corriente en el banco del Reino y tendremos el interés más alto: el amor de Dios que no tiene plazo fijo, ni se devalúa con el paso del tiempo.

Le agradecemos a Dios tanta bondad como habita nuestro mundo, tanta generosidad como nos encontramos todos los días en la calle.

Agradecemos que María haya sido para nosotros una mujer entera que sabe abrirnos caminos.

Gracias, Señor, por María y por todos los hombres y mujeres que iluminan con su vida nuestros pasos.

> Gracias, Señor...
> Por este atardecer iluminado
> que has puesto en nuestros pasos peregrinos,
> por este tiempo jubiloso que vivimos
> y el gran amor con que nos has amado.
> Gracias, Señor...
> Por la Madre buena que nos has dado
> para vencer las sombras del camino
> y llenar de horizontes el destino,
> para sentirte cerca, a nuestro lado.
> Gracias, Señor...
> Porque se llena de Merced la vida
> y nos sentimos convocados a la fiesta,
> por esta libertad, que es tuya y nuestra,
> consuelo de la humanidad cautiva.
> Gracias, Señor...
> Por tanta luz como nos trae el día
> en el milagro de cada momento.
> ¡Cuánto amor y cuánta luz por dentro
> nos regalas en la Eucaristía!

4
María, la del Magníficat

Siempre me ha parecido que la oración del Magníficat es el mejor retrato de María. Dejadme entrar en el cuarto oscuro para revelar el carrete de fotos de María desde la perspectiva del Magníficat.

«Proclama mi alma la grandeza del Señor».

El comienzo de su oración no es interesado. No pide, no exige, no pone condiciones. Es pura gratuidad: reconoce la grandeza de Dios en su vida, en la historia. Nuestra oración suele ser interesada, pedimos y pedimos. Había un niño que solo rezaba de noche. Su abuelo en cierta ocasión le preguntó:

—¿Rezas tus oraciones por la mañana?
—No —dijo el niño—, solo rezo por la noche.
—¿Y eso por qué? —dijo el abuelo.
—Porque solo por la noche tengo miedo.

Una grandeza lejos del estilo de los hombres: es amor sin límite, ternura desbordada. Nosotros frecuentemente nos queremos de una forma interesada. La mitad de los matrimonios españoles se acaban separando. ¿Es auténtico ese amor? Podemos descubrirlo en su grandeza, porque Él se ha humillado para que lo percibamos. María tiene motivos para descubrir esto: su propio Hijo.

«Porque ha mirado la humillación de su esclava».

María tiene conciencia de un Dios parcial, extraño, distinto al pensamiento de los hombres. Dios no ha mirado de ella su sabiduría, su belleza exterior, su ingenio. Ha mirado su humillación, su pequeñez: Éste no es el Dios que los hombres se imaginan. Los dioses falsos tienen ojos y no ven, tienen oídos y no oyen, porque no pueden captar estas realidades profundas del corazón. Yahvé sabe ver lo que nadie ve, valora lo que nadie valora. María se convierte —como todo lo verdaderamente hermoso, como el Evangelio— en paradoja: Es grande por su humildad. Dios se fija en ella por su pequeñez. Dios la hace reina porque ella se ha puesto en actitud de sierva.

«Desde ahora me felicitarán todas las generaciones».

María, que sabe de su pequeñez, se asombra de la grandeza que Dios ha puesto en ella. Las generaciones la felicitarán porque el acontecimiento ha superado todas sus previsiones. No es normal que Dios se abandone en ella siendo tan pequeña; esto será causa de admiración y de alabanza por los siglos de los siglos. María intuye que Dios está haciendo en ella planes de futuro que van más allá de su pobre vida. Su nombre es santo y su misericordia llega a sus fieles de generación en generación. Una vez más, María desplaza la atención de sí misma para que Dios ocupe el centro de cuanto sucede. Es la santidad, la misericordia de Dios lo que explica todo cuanto sucede. Dios es santo, grande, poderoso, porque está amando a los hombres sin medida y sin tiempo. Ahora y siempre. En el fondo, María nos está diciendo que no es tan importante ser devotos de ella, cuanto seguidores o cumplidores del Magníficat. No es María la que ha hecho importante el Magníficat, es la experiencia del Magníficat la que ha hecho importante a María. No nos interesa María como autora del Magníficat, sino como testigo fiel del Magníficat. María destaca con luz propia en la experiencia de los creyentes porque ha convertido su vida en portavoz del Magníficat.

«Él hace proezas con su brazo, dispersa a los soberbios de corazón».

Cuando oímos estas palabras en boca de María se nos vienen abajo multitud de imágenes y actitudes que a lo largo de la historia hemos colgado del manto de María: imágenes enjoyadas, cara de «miss» universo, mujer asexuada, dorados abusivos... María ha sido una mujer profeta: esta expresión es radicalmente revolucionaria. María siente y vive, que el orgullo es podredumbre, que creerse superior a otros es ridículo, que descubrir a Dios es descubrir la igualdad radical de todos los seres humanos: el orgullo, el creerse distinto, los particularismos y religiones excluyentes, traen conflictos, guerras y dispersión: Dios dispersa a los orgullosos.

«Derriba a los poderosos y enaltece a los humildes».

Si hasta aquí había alguna duda, se ha disipado: María no está hablando de cosas espirituales solamente; está hablando de poder humano, económico, cultural o político, frente a los humildes de nuestro mundo que recogen las migajas de aquellos. Esta mujer ha descubierto que el poder de Dios es amor inmenso, mientras que los poderes de este mundo engendran odio. El Magníficat ha dejado de ser una oración piadosa para convertirse en una opción radical y comprometida a favor de los sometidos de este mundo. Dios apuesta por ellos. ¡Temblad, poderosos!

«A los hambrientos los colma de bienes y a los ricos los despide vacíos».

María sigue hurgando en la herida de la humanidad: nos dice que resignarse no es cristiano, que callar la injusticia es ser cómplice, que no hay escapatoria para los satisfechos. María nos dice con estas palabras que el 0,7, que aún no compartimos, es una burla; que hay caridades que humillan; que no estamos justificados cuando damos algo; que estamos cavando nuestra propia tumba cuando cerramos los ojos a los que viven alrededor y crecemos sin saber lo que es el hambre. María nos dice que es pecado consolarse con el llamado estado del bienestar, porque eso es lo mismo que dormirnos en nuestra propia tumba, por mucho que tenga aire acondicionado. María nos dice que el dinero no puede ser más libre que las personas, estar por encima de las personas ni comprar o vender al ser humano. Cuanto más amemos el dinero, más corta es la cuerda de nuestro suicidio.

«Auxilia a Israel, su siervo, acordándose de la misericordia».

Y todo esto ocurre porque la misericordia de Dios permanece para siempre, nos vigila siempre, nos denuncia siempre. Y lo sabe porque le ha tocado en su carne: su hijo es la expresión más viva, más poderosa, más evidente de esta ternura de Dios. ¿Alguien podrá negárselo? La ternura de Dios se ha hecho carne de su carne y, claro, María está imparable, profética, exultante. Y no solo descubre esto en su propia persona, lo descubre para su pueblo y lo descubre para la humanidad entera. Para nosotros. Por eso decimos que ella es signo de la Iglesia, analogía, metáfora... Todo esto habría que decirlo de la Iglesia también. ¿Podemos decirlo? Y todo esto habría que decirlo de nosotros ¿podemos decirlo? ¡Qué bien suena esta oración musical en los labios de María! Y es que María es música de Dios. Mirad qué gráfica y poéticamente lo dice Lope de Vega (siglo XVI) jugando con las notas musicales:

> Cantando el Verbo divino
> un alto tan soberano,
> como de Dios voy
> cantando el Verbo divino.
> Un alto tan soberano,
> como de Dios voz y mano,
> a ser contrabajo vino,
> bajando hasta el punto humano;
> que, aunque es de sus pies el suelo
> el serafín de más vuelo

y el más levantado trono,
bajó por la tierra el tono
hoy la música del cielo.
Una Virgen no tocada
toca con destreza tanta
el arpa de David santa,
como la tiene abrazada,
que adonde el infierno espanta,
dos puntos solos tocó,
el bajo y el alto juntó,
que, como en una pregunta
con un Sí Dios y hombre junta,
en dos puntos se cifró.
De un *Fiat* comienza el Fa,
de su obediencia y su fe,
vio Dios el Mi, siendo el Re
Rey, y reparó que en La
Virgen estrella Sol fue.
Pero después que nació,
cifrada en dos puntos vio
la tierra por su consuelo,
el armonía del cielo.

5
María, la Inmaculada

La Inmaculada Concepción es el título por el cual reconocemos que la Virgen María, por la Gracia especial de Dios, fue exenta del pecado original. A veces confundimos esta cualidad de María con su virginidad, pero son dos realidades distintas en María. Hablar de María como mujer inmaculada, es acercarnos a su transparencia y a su limpieza interior. Dios sabía muy bien cómo sería aquella mujer, cómo iba a ser, cómo se podría contar con ella. Y por eso la preserva de todo mal para que su hijo nazca en una morada llena de gracia. No es solo un privilegio; es también un reconocimiento previo por parte de Dios a la que sería la opción libre y meditada de María: ser una mujer de Dios.

Las autoridades reservan muchas veces un espacio de tierra, como reserva natural protegida, para mantenerlo libre de la especulación y de la contaminación humana. Así, tenemos parques naturales y zonas vírgenes que podemos disfrutar. María ha sido una mujer que se ha reservado por entero. Ella es un espacio natural y protegido para Dios. Esa tierra virgen e interior de María es su limpieza inmaculada. Por eso la llamamos Inmaculada y la Iglesia así lo ha proclamado solemnemente. El dogma de la Inmaculada no está expresamente recogido en la Sagrada Escritura. Ha sido una conquista lenta y larga del pueblo de Dios.

Podríamos decir que María ha llegado a ser descubierta como Inmaculada por aclamación popular. En el año 431, en el concilio de Éfeso, ya se produce la primera manifestación con antorchas en favor de la Madre de Dios. Los primeros Padres no lo tienen claro; algunos afirman que solo Jesús estaba libre de pecado; otros ya van señalando la Inmaculada concepción de María. La primera referencia a la Inmaculada aparece en el siglo v con san Sabas. En el siglo VII, san Ildefonso de Toledo declara fiesta en España el día 18 de diciembre. A partir del siglo X, se dedican a la Virgen, bajo la advocación de la Antigua, iglesias, capillas y oratorios. San Bernardo y santo Tomás se muestran contrarios. Dominicos y Mercedarios se enfrentaron dialécticamente en la Universidad de Salamanca. Aquellos, en contra de la condición Inmaculada de María; los Mercedarios a favor pues, no en vano, la Orden de la Merced lleva el nombre de María desde su fundación en el siglo XIII y es la primera Orden religiosa en la Iglesia con el nombre oficial de la Virgen María. «Nada haya en tu corazón, en tu mente y en tus labios que no profese un tierno amor a la Virgen María», recogen sus constituciones desde hace muchos siglos. El franciscano Duns Scotto llega a decir: «Dios pudo hacerlo, lo quiso, por tanto, lo hizo». Carlos III la declara patrona de España y de todas sus posesiones. Y, definitivamente, Pío IX definió solemnemente el dogma de la Inmaculada el día 8 de diciembre de 1854 en la bula *Ineffabilis Deus*.

«Declaramos, pronunciamos y definimos que la doctrina que sostiene que la Santísima Virgen María, en el primer instante de su concepción, fue por singular gracia y privilegio de Dios omnipotente en previsión de los méritos de Cristo Jesús, Salvador del género humano, preservada inmune de toda mancha de culpa original, ha sido revelada por Dios, por tanto, debe ser firme y constantemente creída por todos los fieles».

Lo verdaderamente importante ahora es cómo nos situamos, nosotros, los creyentes del siglo XXI, ante esta realidad inmaculada de María. ¿Cómo ha de ser nuestra devoción mariana para que sea cada día más auténtica? Más importante que sus privilegios, que no negamos, son sus virtudes, sus propias decisiones y elecciones desde la escucha de la Palabra. Creyente: «Dichosa tú que has creído porque lo que te ha dicho el Señor se cumplirá». Escucha y medita la Palabra: «María guardaba todo esto y lo meditaba en su interior». Discípula fiel de su Hijo: «De pie, junto a la cruz, estaba María, su madre». Presente en la primera comunidad cristiana: «Los apóstoles permanecían en oración con María la Madre de Jesús». Podemos decir que, con María, Dios culmina la obra que ha empezado en nosotros. Juan Pablo II, en su encíclica *Redemptoris Mater* nos hace un nuevo retrato de María: la fuente es el Evangelio. Sus actitudes están por encima de sus privilegios. La centralidad de su figura se apoya en Cristo y en el Espíritu Santo. Destaca su pertenencia a la Iglesia. Es figura e imagen de la Iglesia. Como ella nos regala al Salvador, la Iglesia hoy debe ser también mediación de Cristo para el mundo. Su condición humana y su cercanía al hombre de hoy son evidentes. Si tuviéramos que hacer un retrato de María, no podrían faltar los siguientes colores: abierta a Dios: creyente, orante y oferente. Abierta a los demás: con Isabel, en Caná, en la primera comunidad, en su oración del Magníficat. Mujer fuerte y fiel: sencilla y probada. Peregrina de la fe que dio su sí a Dios.

La Sagrada Escritura nos hace un hermoso paralelismo para hablar de las dos mujeres a través de las cuales nos vienen el pecado y la gracia. Eva representa la libertad humana que no sabe escoger bien y opta por el mal. Es la lejanía de Dios, la apuesta por lo caduco, la vergüenza interior que nos sitúa ante Dios llenos de culpabilidad. María es la nueva Eva, a través de la cual nos viene la gracia y la salvación en su Hijo Jesucristo. María ha sido también una mujer libre, pero lo ha sido para escoger el bien, para ser virgen prudente y fiel, para abandonarse plenamente en los brazos de Dios. Y ahí está nuestra libertad queriendo también escoger la mejor parte y dejarnos llevar por caminos de transparencia y de luz como María. Pero no acabamos de levantar el vuelo, enredados en mil pequeñeces, en torpes racanerías y en una actitud tantas veces interesada y egoísta.

AVE MARIA

(Victor Manuel Arbeloa)
Dios te salve María,
por la luz de la luz transfigurada.
Dios te llena y te guía
y el fruto de tu vientre en tu mirada.
Dios te salvó, María.
Te llenó de su fuerza complaciente,
como el fuego del sol llena la aurora,
como el agua la fuente.
Maduró con su luz y su ternura
el fruto de tu amor y de tu vientre.
Santa María,
hija del pueblo,
madre paciente,
fiel, generosa,
pobre y rebelde...
Míranos peregrinos, vacilantes,
cultivando este viejo paraíso,
caminando hacia tu cielo lentamente.
No queremos cansarnos de este mundo,
ni buscamos un refugio celeste.
Pero tú no te canses
de mostrarnos la meta, los caminos,
ahora y siempre.

6
María, mujer humilde

Los seres humanos somos muy semejantes a los vasos de barro, modelados por el Alfarero divino. Ahí está nuestra grandeza y nuestra fragilidad. Somos hermosos en nuestra hechura, pero frágiles hasta el extremo. Una pequeña caída y nos hacemos mil pedazos de tristeza y desamor. ¡Cuánta grandeza y cuánta debilidad en nosotros! María es esa arcilla que se deja modelar por Dios, que se hace suya para que Él pueda hacer obras grandes desde su pequeñez. También nosotros, desde nuestra fragilidad, quisiéramos abrirnos a Él, que es lo absoluto, porque cuando somos débiles, dirá san Pablo, entonces somos fuertes. ¡Qué cierta paradoja! Hemos conocido a Cristo y su Palabra y eso es un tesoro que llevamos en el corazón, como arcilla de barro en manos del Alfarero. María es frágil en la Anunciación y no lo es menos a la hora de la muerte de su hijo, pero su fragilidad no es derrota, sino esperanza. María estaba allí de pie, a los pies de la cruz. No estaba desmayada, derrumbada, hundida. Estaba de pie. María es el signo de la fortaleza de la mujer en la vida y en la Iglesia. Nada era totalmente real hasta que el Verbo se hizo carne, todo estaba como a la expectativa, sin hacerse del todo, sin rematarse.

Era un caos. «Nada hay más hermoso que la Palabra ni que acierte a abrir más hondo surco en corazones y entendimientos. ¡Con cuánta razón se ha divinizado el Verbo! Hasta que la Palabra existió, el mundo no tuvo realidad». María es la vasija que sabe vaciarse de sí misma, se hace disponibilidad, se llena de Dios para hacer posible el misterio sublime que la desborda.

El pasaje de Lc 1,26-38 es uno de los más expresivos y tiernos de la Escritura. Difícilmente se encontrará otro texto que pueda compararse en belleza y hermosura a éste donde el ángel Gabriel aparece ante la santísima Virgen para anunciarle que quien no cabía en cielos y tierra iba a encerrarse por espacio de nueve meses en su seno virginal. María fue la mujer privilegiada a la que Dios adornó con toda clase de dones celestiales, convirtiéndose en la figura más importante de todas cuantas prepararon la venida del Mesías. Sin su cooperación y ayuda no hubiera sido posible la Encarnación del Verbo y su venida a la tierra. En el instante mismo en que la Virgen supo de los designios de Dios sobre ella, no dudó un momento en ponerse a su entera disposición, aun sabiendo los muchos sacrificios y sinsabores que la maternidad divina le iba a suponer. Ella se puso por entero en las manos del Señor aceptando lo que el ángel le anunciaba. «Hágase en mí según tu palabra». Ésta fue la respuesta dada por nuestra Señora al enviado de Dios. Así, la actitud humilde y obediente de María nos permitió a nosotros tener por hermano a Cristo y por Padre al Creador de todo lo existente.

María fue modélica en todas las virtudes con las que Dios la enriqueció. En ella se advierte una fe profunda que la lleva a creer y aceptar lo que el ángel le prometió de parte de Dios. Concreta y resume la esperanza de Israel y de todos los pueblos que buscan la verdad y su futuro. Es el prototipo del amor a Dios y del amor al prójimo. Ella mostró también una humildad sin límites. Nosotros, los hombres, solemos adoptar distintas actitudes ante nuestra fragilidad, nuestra pequeñez. Unas veces intentamos olvidarla, pareciendo que somos fuertes, seguros, autosuficientes. Otras, por el contrario, nos sentimos tan poca cosa que intentamos poseer la firmeza de Dios, y nos decimos que para Dios nada hay imposible. Nos refugiamos en Dios para no sentirnos inseguros. La fe es esa experiencia unitaria en la que la fragilidad y firmeza se apoyan recíprocamente. Así es como lo vemos en María: María se turba, no entiende, pregunta; María se abandona, cree y encuentra en la Palabra de Dios respuesta y certeza para aquello precisamente que humanamente le parece imposible. No podemos utilizar a Dios para negar la realidad y no tener que experimentar nuestros miedos. No debemos dejarnos atrapar por el miedo, haciendo de él un escudo, incapaces de abrirnos a la esperanza, a la promesa de Dios. Tal vez deberíamos ser conscientes de aquello que nos hace sentirnos especialmente frágiles. Podría ser algo psicológico, o alguna relación tóxica con alguien, o algún problema espiritual que no podamos superar, o la vida misma, sin más; y vivirlo desde la confianza, pero no en función de ningún objetivo, sino en el hecho simple de abandonarnos en las manos de Dios, identificarnos con María (ella representa la humanidad misma), escuchar el anuncio del ángel, quedar anonadados ante semejantes promesas, sentir el vértigo de la fe y creer. Sin duda nuestra fe nos parece frágil y vacilante. Unámonos a la fe de María, y de la Iglesia entera y saldremos victoriosos de la batalla de la duda.

7
María, mujer perfumada

No se entiende la vida y las opciones de María sin una vida intensa de oración. Se trata de ser personas de oración; adivinar en nosotros la presencia misteriosa de Dios y ser capaces de exhalar el buen olor de Cristo que es lo esencial de la misión: extender la fragancia del Evangelio. Necesitamos partir del Evangelio, el sacrificio que Dios quiere ya no es incienso: es el amor a los hermanos. La mujer es perdonada porque supo amar mucho. Sus numerosos detalles de cariño expresan el amor y la alegría por la experiencia de sentirse perdonada. El fariseo no cae en la cuenta de que el verdadero pecado es la ausencia de amor. El perfume derramado por la pecadora en los pies de Jesús pasa a ser signo de agradecimiento y reconocimiento —por parte de la mujer— de la realidad de un Jesús que acoge y perdona, de un Jesús bendición de Dios para cada persona. Se trata del buen olor de Cristo. Un alma sin oración es semejante a un pájaro que, privado de sus alas, no puede emprender el vuelo ni gozar de libertad; es un árbol medio desarraigado que, poco a poco, pierde el vigor y se seca; es un navío sin velas ni piloto, expuesto a merced de las olas y tempestades; es un soldado sin armas en el campo de batalla (santa Teresa).

El incienso puede ser una hermosa metáfora de María. María huele a Dios porque respira a Dios. Una mujer llena de gracia solo puede oler a Dios, a sensibilidad, a buenas obras. Ella exhala el perfume de su hijo y nos lo regala. Cerca de María es posible vivir una cercanía más profunda con Dios y percibir sus entrañas de misericordia y así convertirnos en perfume agradable a sus ojos. La oración es puente de unión, como el incienso que sube al Padre. El Evangelio es una puerta abierta a sensaciones profundas, a vivencias únicas y sublimes. Aquel perfume de la mujer pecadora derramado en los pies de Jesús no fue un detalle cualquiera y sin valor, fue expresión de su amor. El mejor perfume que Cristo desea es el del amor. La mujer pecadora ha descubierto que Jesús tiene un perfume distinto al de todos los hombres, porque la ha mirado como una persona, no como un objeto, porque la ha perdonado. Ha sabido mirar más allá de su físico, de sus actos, al fondo del corazón. Y allí ha descubierto que esta mujer ha amado mucho. Muchos otros hombres han pasado por su vida, pero no la han amado. Jesús se merece este perfume de agradecimiento. Cristo expande el aroma a misericordia y ternura porque es el mismo olor del Padre.

Nosotros, la Iglesia, no siempre logramos contagiar ese aroma porque nos falta esa ternura propia de Dios. Y, con frecuencia, no olemos a casa familiar, a ropa recién planchada como en Nazaret, ni a paz y serenidad como en Betania, sino que olemos a rancio porque nuestro cristianismo se ha quedado estancado en el tiempo. No tenemos respuesta a los grandes desafíos que nos presenta hoy la sociedad. Nos quedamos atados en la ley, en la tradición, en la falta de espíritu y profecía. Nos falta el mordiente que era capaz de llevar a los primeros cristianos hasta el martirio. Nada más ajeno a la vida cristiana que oler a contaminación, a residuos extraños de egoísmo y fanatismo absurdo, a tradicionalismo que se ha convertido en inservible. Lo peor que puede pasarnos a los cristianos es oler a cerrado, a casa abandonada y húmeda donde no se enciende el fuego del hogar ni se prepara la mesa para la comida familiar. Una casa donde no entra el sol ni el aire y las lagartijas se han apoderado de todas las estancias. Una casa que amenaza ruina. Pero desde siempre, la vida cristiana ha sido una fuente de agua clara y de olor a incienso perfumado en el claustro de la humanidad. Es el aire fresco de Cristo, la brisa suave en la que el profeta Elías descubrió que estaba Dios (cf. *1Re 19 3-15*). Y eso solo sucede cuando nuestra oración nos mantiene en vilo y nos lleva a ser solidarios todos los días. Solidarios en silencio, lejos de las cámaras. La solidaridad que se hace pública es un teatro. ¡Y hay mucho teatro en la vida de cada día y en los titulares! El cristiano auténtico, sintiéndose muy pequeño, se siente convocado a perfeccionarse, a ser mejor, a progresar. Y ahí tienen mucho que ver la Palabra y la Eucaristía que nos ofrecen su frescura. Porque ya hemos descubierto muchas cosas por las que las personas se afanan y, sin embargo, son inútiles, vacías, frustrantes, incapaces de llenar el corazón humano. Nos morimos y ahí se quedan todas.

8
María, espejo de nuestra fe

Cada mañana nos levantamos y nos miramos al espejo para mejorar nuestra imagen y sacudirnos la modorra del sueño. Mirémonos hoy en el espejo de María, si somos capaces de soportar tanta transparencia. Narciso se miró en el espejo del lago y quedó prendado de sí mismo. Quiso besarse y abrazarse y se ahogó. Muchos jóvenes se miran en el espejo de la publicidad y del consumo, de la televisión y las redes, y se quedan prendados de un coche, de un pantalón, de unas deportivas, de un móvil... y se ahogarán en la decepción. Se están ahogando ya. Muchos adultos se miran en el espejo del conformismo y hacen de su vida una carrera a la conquista del poder y del tener. Y la frustración será su botín. Mirar a María con ojos de fe es percibir su perfume y optar por la sencillez, por la fe auténtica, por la disponibilidad.

Si los cristianos fuéramos capaces de mirarnos en el espejo de María seríamos capaces de descubrir nuestra incoherencia y nuestra pobreza a la hora de ser generosos. El espejo nos devuelve nuestra propia realidad y el espejo de María es coherencia y fidelidad a manos llenas. Nuestro espejo no lo es tanto.

Que podamos repetir con los versos de Ernestina de Champourcín, poeta de la Generación del 27:

Nadie puede quitármelo;
Él es lo único mío,
lo único invulnerable a los celos del viento,
al curso de los astros, al dolor y a la muerte.
Debo mi libertad al Dios que llevo dentro.

Estamos ante una escena de conversión y de perdón. El Evangelio de Lucas subraya un aspecto muy querido para él: «La misericordia de Jesús con los pecadores». Esta escena produce emoción y alegría al saborear tanta ternura: En la mujer pecadora, la ternura del verdadero amor que ella ha encontrado por vez primera y que la desborda. En Jesús, la ternura de la comprensión y del perdón. Entre todos los invitados, esta mujer ocupa el puesto central en el corazón del Maestro. La pecadora se convierte en el centro del amor y de la ternura de Jesús.

Veamos la escena:

Jesús es invitado por Simón. Simón invita a comer a Jesús a su casa porque había oído hablar elogiosamente de Él y deseaba conocerlo personalmente. Era un honor contar aquel día con Jesús es su mesa. Se respiraba un ambiente de gozo y de fiesta. Cuando nadie se lo esperaba, una mujer pecadora, conocida en todos los alrededores como prostituta, entra en el festín. La situación es tensa. Una mujer impura perturba la alegría y la paz de una casa de bien. La sensación de fiesta ha dejado lugar a momentos de incertidumbre.

Aquella mujer había sido tocada por la gracia divina, había visto los ojos transparentes y limpios de Jesús, se había sentido valorada como persona, y por eso descubre su condición pecadora. La llegada de Jesús a aquella ciudad es un momento privilegiado para encontrar el perdón y la paz. Ella se siente perdonada por Jesús. Y se presenta ante Jesús, arrepentida; solo quiere expresarle su dolor y su arrepentimiento. Sabe que la mirada de Jesús no será condenatoria sino llena de amor y ella desea testimoniarle su cariño y su agradecimiento. No le importan las miradas indiscretas, acusadoras, que la señalan con desprecio, entre los comensales. No le importa lo que éstos puedan pensar sobre ella. Solo desea acercarse al Maestro y expresarle su amor. Un amor nuevo, un amor transparente, un amor distinto al que había sentido hasta ahora. Este amor le ha devuelto su condición de mujer y le ha hecho superar su condición de objeto que se vende. Viene provista de un frasco de perfume para ungir a Jesús, para ungirle los pies, pero sobre todo trae el perfume de su amor en el frasco de su arrepentimiento. Se postra ante los pies del Maestro y llora amargamente, llora de dolor y de rabia. Con sus lágrimas lava los pies de Jesús, con sus cabellos se los seca y con sus labios los besa una y otra vez, como queriendo confesar su propia indignidad y bajeza y tratando de apurar el amor que hasta entonces nunca había conocido. Llora también de alegría: ha encontrado un motivo para vivir con dignidad, alguien la ha amado de verdad.

Por otro lado, la reacción de Jesús se parece muy poco a la de los comensales. Él la ha acogido, la ha escuchado, la ha comprendido y le ha ofrecido su perdón. Solo parece ver en ella a alguien necesitado de amor, de reconciliación y de paz. No ha visto a la prostituta sino a la mujer que ama. Esta actitud constante de Jesús, descrita a lo largo de todo el Evangelio de Lucas, de acogida a los que parecen excluidos de antemano del Reino de Dios, nos obliga a los cristianos a revisar nuestras actitudes hacia los demás, hacia aquellos a los que parece que negamos el derecho a acercarse a Jesús. Como Simón, podemos sentirnos incómodos de algunos de nuestros hermanos porque no tienen la misma condición que nosotros, porque piensan distinto, porque son de otra cultura, raza o religión, de otra condición sexual. Jesús los acoge hoy ante nosotros, los ama y los perdona. Necesitamos hacer el esfuerzo de la acogida y de la comprensión. Rechazar al otro es demasiado fácil; descalificar es muy sencillo, pero imitar al Señor en sus actitudes de cercanía para con todos es más difícil. Ahí está el reto de los creyentes. Ahí está el reto de una Iglesia que está llamada a ser Samaritana, y no a pasar de largo. Esta actitud es una tarea personal, cada uno debe asumir su propia responsabilidad. Nos comprometemos a ser acogedores de todos en el nombre de Jesús, como una exigencia del banquete de la Eucaristía. La ternura de Dios quiere abrirse paso en nuestras vidas. ¿Cerraremos la puerta? ¿Haremos oídos sordos a la llamada angustiosa de Dios en nuestros hermanos? ¿Cerraremos los ojos para no ver más allá de nuestra propia carne? Dios nos ofrece siempre su perdón. Nos ponemos a sus pies como esta mujer para suplicarle su ternura. Tenemos la certeza de que no seremos defraudados. Derramemos las lágrimas de nuestros errores, besemos los pies de Jesús ayudando y sirviendo a los hermanos, y rociémonos con el perfume de las buenas obras. Así seremos criaturas nuevas: hombres y mujeres renovados y enriquecidos por la gracia de Dios. Hombres y mujeres enviados a ser buena nueva de reconciliación para toda la humanidad.

¿Y qué tiene que ver la pecadora con María, la Virgen? Podemos descubrir la grandeza de María en el contraste con esta pecadora. María ha lavado los pies de Jesús desde niño, como todas las madres, y se ha sentido mujer madre a su lado y en sus cuidados. Y su cercanía y amor a su hijo supera todo lo imaginable. En la vida de Jesús hay muchas mujeres, pero hay una por excelencia: su madre. Esta ligazón del hijo con su madre es la que hemos sentido todos desde que nos ha permitido ser lo que somos hoy. Y sabemos que su amor es incondicional y permanente. Por eso la iglesia necesita el amor de esta mujer y de todas las mujeres para ser ella misma.

9
María, mujer atenta

La palabra de Dios siempre nos llega en el momento oportuno, porque es salvadora. Hoy, cuando a más de uno le invade la nostalgia o la pereza, la desgana o el despiste, la Palabra de Dios viene a despertarnos, a adoptar una actitud de alerta y expectación. Dios me llama a la responsabilidad. Cuando un conductor tiene que emprender un viaje largo, especialmente si es por carreteras que desconoce o por parajes poco habitados, lo más sensato es que llene a tope el depósito de gasolina, revise el nivel de aceite y tome todas las precauciones debidas. Consecuentemente, la llamada a la vigilancia no es un capricho, sino una necesidad para no perder la dirección y sentido de nuestras vidas. Jesús, en la parábola de las doncellas necias y sensatas, o lo que es lo mismo, responsables e irresponsables, nos ayuda a entender la vida de manera dinámica y positiva: nuestra vida tiene sentido siempre que la vivimos iluminados por la lámpara de la fe. Por lo que se reprocha como injustificable la irresponsabilidad de vivir, en descuido, el abandono del deber: el reino de los cielos no está hecho para los desganados, vagos o apáticos.

Lo prudente y sensato en la vida de seguimiento a Jesús no es cerrar los ojos o estar siempre pendientes del espejo retrovisor. El aceite para mañana hay que comprarlo hoy. No se puede ser una persona de provecho, como Dios manda, durmiendo en los laureles, dejando todo para el final o esperando que sean otros los que nos solucionen las cosas. El aceite de la lámpara de nuestra vida: la ilusión, la vocación, el amor, el compañerismo, la tarea, es algo personal e intransferible; nadie puede ser sustituido por otro. Nadie puede presentarse con el aceite de los méritos ajenos: cada uno es responsable y ejecutor de su destino. Hay que vivir, pues, «con las pilas puestas», con la batería cargada. Hay que estar siempre a punto, preparados. Para ello, hay que cuidar que ningún mal viento, influencias nocivas o ambientales, apague la lámpara de nuestra fe. No llevar aceite suficiente indica a las claras el poco interés por responder a la llamada de Dios. Igual que nos preocupamos de reponer la bombona de gas, el combustible en el coche, las provisiones en la nevera…, de la misma manera debemos preocuparnos, abastecernos, del aceite que alimenta nuestra vida cristiana. María es la Virgen prudente que, con su actitud vigilante, previsora, «calzadas las sandalias» de peregrina, «ceñida la cintura» de la disponibilidad, vive atenta a los designios de Dios. Sigue paso a paso a Jesús, el Maestro, en su peregrinar de fe; por eso, la Virgen es hoy la estrella orientadora en nuestro caminar. Hoy es un buen día para preguntarnos, ¿cómo anda de aceite mi lámpara? En una sociedad cada vez más agresiva y combativa contra

los valores del Evangelio, es imprescindible que re-
doblemos los cuidados, nos formemos en la fe y la
cultivemos de la mano de María para que así cami-
nemos como hijos de la luz, vigilantes y despiertos.

10
María, orante y contemplativa

María es un modelo de actuación y de vida: ¡Toda una mujer! No cabe duda de que en aquel tiempo la mujer estaba marginada en la sociedad. Jesús hace que las mujeres ocupen un lugar importante en su ministerio. María estuvo desde el principio en la primera comunidad cristiana en unidad de vida y de oración con los apóstoles. Así nos lo refiere el libro de los Hechos de los Apóstoles. «Todos perseveraban en la oración, con un mismo espíritu en compañía de algunas mujeres y de María, la madre de Jesús, y de sus hermanos» (1,14). Hasta el punto de que Jesús, rompiendo con la tradición, había admitido a mujeres como discípulas, seguidoras: «Le acompañaban los doce y algunas mujeres que habían sido curadas». Jesús se detuvo en varias ocasiones a visitar a dos mujeres: Marta y María. No sabemos quiénes son, solo sabemos que son hermanas. No sabemos el nombre de la aldea. Pero parece, por otros evangelios, que Marta, María y Lázaro son amigos de Jesús y viven en Betania. Jesús se detiene a descansar y visitarlos: mientras Marta se desvive por servirle, pone la mesa, recoge los platos, María está a sus pies, escuchándole. Una mujer se sienta a los pies del Maestro: el que una mujer sea instruida por un Maestro es un hecho único en la cultura de la época. Seguir a Jesús y escuchar su Palabra es un derecho de todo el mundo, acoge con naturalidad a los marginados de su sociedad: niños, mujeres, ancianos, extranjeros y enfermos.

Contra lo que pudiera parecer, «María ha escogido la mejor parte», que consiste en escuchar las palabras de Jesús, en actitud de auténtica discípula. ¿Quiere decir esto que la tarea de Marta, inquieta y nerviosa, no es importante? No. Pero parece claro que este servicio debe estar subordinado a la escucha de la palabra o, dicho en otros términos, el mejor servicio que podemos prestar a Jesús es escucharle. Por eso María ha escogido la mejor parte. Después viene el hacer, el servir. Antes está la escucha, el momento de serenidad para saber qué estamos haciendo. ¡Cuántos nos perdemos en la actividad y el ajetreo, en hacer muchas cosas, sin saber por qué lo hacemos, sin saborearlo! No nos hemos puesto a sus pies. Jesús no dice que lo que hace Marta no merezca la pena, porque Él mismo nos dijo un día: «Yo estoy entre vosotros como el que sirve» o «El Hijo del Hombre no ha venido a ser servido, sino a servir y a dar su vida en rescate por muchos».

El pobre a quien socorras te hará rico. El enfermo a quien cuides te hará sano. Cada servicio que prestes te servirá con la misma solicitud con que sirvas. El problema no es ser activos o contemplativos, sino vivir ansiosos y estresados, una de las más frecuentes enfermedades de nuestro tiempo. Marta está en mil cosas, porque quiere abarcarlo todo, pero necesita justificarse y su corazón no sabe dedicarse a lo importante, al amor. María va al corazón de todo; está unificada en lo único necesario. Nuestra sociedad de hoy está dispersa en mil cosas y descentrada de lo esencial. La cuestión no es dominar la existencia como Marta, sino vivir en obediencia, en la escucha disponible.

«No solo de pan vive el hombre, sino de la Palabra que sale de la boca de Dios». Fue la respuesta de Jesús a la tentación. El pan es necesario, pero el discípulo vive de la Palabra. Vive liberado de la angustia de la finitud, en la confianza, aunque tenga mil obligaciones. Marta solo ve lo inmediato. María ve más lejos. A María se le ha dado descubrir que con Jesús lo tiene todo. ¿Para qué quiere la vida si no es para ponerla a los pies de su Amado? Lo suyo es amar. Teresita de Lisieux, que era una contemplativa, lo entendió y decidió: «Yo seré en la Iglesia el amor».

Reflexionando todo esto y aplicándolo a nuestra vida surge una pregunta: ¿Por qué le dedicamos a Dios tan poco tiempo, es decir, por qué no se le ama por sí mismo, en la intimidad? Ya sé que Dios siempre puede y debe ser amado (primer mandamiento) de manera inmediata y total, pues no es Alguien aparte que necesite un espacio y un tiempo distintos. De hecho, cuando el amor se unifica, no distingue contemplación y acción, amor a Dios y al prójimo. Pero, en la práctica, somos nosotros los que no sabemos amar a Dios por sí mismo en todas las cosas. Y no buscamos tiempo para estar con Él. Termina siendo el sentido último de nuestra vida y no Alguien que quiere vivir en comunión de amor con cada uno de nosotros. En el fondo, no terminamos de creernos que Dios nos ama y se revela en la Historia porque quiere estar con nosotros definitivamente. Desde esta perspectiva, entenderíamos perfectamente por qué la oración, en cuanto mediación práctica, no es algo absoluto; pero la mediación es necesaria para enterarnos del amor de Dios en Cristo, para dejarnos amar y para aprender a amar a su estilo.

Ser María es descubrir la mejor parte, lo necesario: escuchar la Palabra. Ser Marta es servir sin escuchar la Palabra: tarea estéril. Escuchar sin servir: imposible. Todo el que ha recibido fuerzas debe consagrarlas al servicio de sus semejantes.

De María, la virgen, hemos aprendido a ser contemplativos: «Ella guarda todas estas cosas y las meditaba en su corazón», nos dice la Escritura y hemos aprendido también a ser activos, porque ella se empeñó en educar a su hijo para que estuviera preparado en el momento de comenzar el anuncio de la Buena Nueva. «¿No sabíais que yo he de ocuparme de las cosas de mi Padre?» (*Lc 2,49*).

II

María, mujer fecunda

María es tierra fecundada donde Dios deposita su semilla, tierra que ella misma cuida y riega (disponibilidad plena, virginidad). María como semilla humilde, grano que muere a sí misma para dar el fruto apetecido, es la semilla que produce un Árbol que da vida. Ella es una planta que crece sin que la ahoguen las circunstancias de la vida, alimentada de la savia nueva de su Hijo: primera creyente y discípula. «Dichosa, tú, porque has creído». La Palabra, el Verbo de Dios, es semilla: promesa de vida. El mundo, la historia, las personas, la Iglesia son la tierra donde va a ser depositada la semilla-Palabra-Dios mismo. El Reino nuevo, la criatura renacida del agua y del Espíritu, la vida plena, es la planta que ha sido fecundada por Dios para ser oferta de vida. María en nombre de la humanidad, de la Iglesia, ha sido fecundada: «El Espíritu Santo te cubrirá con su sombra». Cristo se encarna en ella como promesa de vida por parte de Dios. Se hunde en la tierra de los hombres y en la cruz florece en una espiga nueva, que es la Iglesia. Pero es necesario morir. De nuevo la paradoja: «Si el grano de trigo no muere queda infecundo, pero si muere...». La parábola de Jesús nos acerca a la realidad que es misterio de la vida y de la muerte, de la fecundidad y de la esterilidad. Somos tierra de Dios, barro entre sus manos. Somos polvo-nada. La vida de cada uno de nosotros tiene menos impacto en la historia de la humanidad que una gota de agua de lluvia sobre la tierra, aunque a veces nos creamos dioses. Pero hemos sido fecundados por Dios. Dios se ha hecho de nuestro barro. Hemos sido hechos hijos. Nuestro barro en contacto con Cristo ha tomado carta de ciudadanía del cielo. Estamos, pues, invitados a la vida —nos insufló su aliento—. Pero ¿qué vida?

Con frecuencia nuestra preocupación es saber si hay vida después de la muerte y, sin embargo, nuestra verdadera preocupación debería ser si hay vida antes de la muerte. Porque la vida del más allá está asegurada en la palabra de Jesús, pero la vida de aquí la creamos, la modelamos o la destruimos nosotros.

¡Cuántas veces nuestra vida no es vida! Con frecuencia se nos está invitando desde la Iglesia, nos está animando de continuo a que luchemos contra esta cultura de muerte que se nos quiere imponer: guerras, terrorismo, aborto, eutanasia, desigualdades, falta de valores humanos... Aquí nos jugamos la posibilidad de ser tierra fértil o salobre.

El Evangelio nos habla de distintas tierras: Tierra del camino. Es tierra dura, pisoteada. Somos tierra del camino cuando tenemos el corazón duro, de piedra, decían los profetas. Cuando somos de cabeza y corazón duros, nos hacemos insensibles a la Palabra, pasotas, despreocupados. ¿Para qué si no nos da de comer todos los días? Insensatos ¿Acaso somos capaces de crear un solo garbanzo? Los pájaros de esta vida —hay mucho pájaro— nos arrebatan la semilla. ¿Qué será de nosotros cuando venga el vendaval y nos anegue? Tierra entre piedras, sin humedad. Somos tierra pedregosa cuando somos inconstantes. Ponemos una vela a Dios y otra al diablo. Nos acordamos de santa Bárbara cuando truena. Y acudimos a Dios rogando, pero sin darle al mazo. Nuestra oración es interesada: «Dame, Señor; te pido, Señor; concédeme, Señor»; pero difícilmente nos brota del corazón el agradecimiento y la alabanza porque sí. Defendemos nuestros valores religiosos y nuestros principios cuando el ambiente es favorable, y cuando es adverso nos callamos. Y la semilla se ahoga entre tanta infidelidad. No hay profundidad. Somos pasto del viento que más sopla y víctimas de la secta más agresiva. Queremos hacer germinar la semilla. Hemos descubierto que el Evangelio es hermoso y merece la pena, pero estamos rodeados de espinas que nos inquietan: consumo, poder, bienestar, insolidaridad, ambición, lujo, falta de entrega, envidias, odios... no nos dejan tranquilos. ¿Hemos descubierto cuál es nuestra espina? ¿Esa que no nos deja crecer y madurar como creyentes?

María ha sido tierra buena y fértil. En Ella, Dios mismo fructificó para nosotros. Su tierra siempre disponible fue capaz de dar frutos de sencillez y de humildad, de fe y de caridad. Sin nuestra tierra, la semilla divina se pierde. Un grano de trigo en un pedestal de oro está llamado a ser nada. Un grano de trigo que se pudre en la tierra es promesa de espiga nueva. Dios mismo, el Creador del universo, cuenta con sus criaturas, porque las ama, para llevar adelante este proyecto de Gracia. No es el Dios absolutista que elimina nuestras posibilidades. No es el Dios «tapa agujeros» que soluciona nuestras incapacidades. Pero tampoco es el Dios lejano que nos deja solos ante un futuro incierto, predestinado y aterrador. Dios acompaña nuestras vidas, entre nosotros y con nosotros. No nos arregla la vida, pero nos permite vivirla y recrearla. Por eso somos responsables de cuanto sucede en nuestro mundo. Dios no permite los males que nos acechan, los hombres los creamos por nuestra falta de amor al Creador y a la humanidad. Este mundo es responsabilidad nuestra. Dios nos ayuda cuando nosotros nos ayudamos.

La felicidad de Maria está directamente relacionada con su fe y su disponibilidad, y llega a ser tan fecunda que da a luz al mismo salvador. No se puede ser más fecunda.

> ¿Dices que nada se crea?
> No te importe, con el barro
> de la tierra haz una copa
> para que beba tu hermano.
> ¿Dices que nada se crea?
> Alfarero, a tus cacharros.
> Haz una copa y no te importe
> si no puedes hacer barro.

No podemos crear la luz, pero sí iluminar con ella nuestras oscuridades. Nuestro Dios está sosteniendo la vida, pero nos pide que seamos nosotros los que la vivamos y la recreemos. No podemos hacer barro, pero sí una vasija para el hermano. No podemos hacer árboles, pero sí una mesa para la fraternidad.

Poema de la Liturgia de las horas:

> Nos señalaste un trozo de la viña y nos dijiste: venid y trabajad.
> Nos mostraste una mesa vacía y nos dijiste: llenadla de pan.
> Nos presentaste un campo de batalla y nos dijiste: construir la paz.
> Nos sacaste al desierto con el alba y nos dijiste: levantad la ciudad.
> Pusiste una herramienta en nuestras manos y nos dijiste: es tiempo de crear.

María es la viña fecunda que da fruto abundante en su sazón, la mesa que se llena de viandas para el banquete familiar de la fraternidad, el campo de disponibilidad donde se fragua la paz, el oasis en medio del desierto que nos regala el agua de la vida, el alba que ilumina nuestras noches oscuras y tenebrosas, la mujer creativa y artista que, desde su pequeñez, es capaz de regalarnos la mejor obra de arte: su hijo, el Redentor.

12
María, mujer enviada

Las sandalias son símbolo de propiedad y de poder: el que está «bajo la sandalia de otro» es dominado por él. Por eso llevar sandalias era propio de los hombres libres; los prisioneros de guerra y los esclavos tenían que andar descalzos (*Is 20,2.4*). Dios pone la sandalia sobre Edom (*Sal 60,10*) y hace esclavo a ese país. Juan no es digno de desatar la sandalia de Jesús, algo que hacían los esclavos. Los derechos de propiedad son restablecidos con el hijo pródigo: «Sacad el mejor traje y vestidlo, ponedle un anillo en la mano y sandalias en los pies...». En nuestra reflexión, el mandato de Jesús de no llevar sandalias, ni alforja, ni bastón, significa la renuncia a los bienes terrenos, no la prohibición de llevar unas sencillas sandalias. La única propiedad es el Reino. San Ambrosio ve que cuando Dios le dice a Moisés que se quite las sandalias, está invitándole a «no dejarse enredar por los lazos de la carne». El suelo que pisa no le pertenece, es sagrado: como Moisés se presenta humilde, sin pretensión de soberanía, así deben ir los discípulos de Jesús: anunciando el Evangelio gratuitamente, dando gratis, distinguiendo lo primordial de lo secundario. «¡Ay de mí si no evangelizare!». Eso hará hermosa nuestra tarea, porque «¡qué hermosos son los pies del mensajero que anuncia la paz!».

El bastón o la vara son símbolos de marcha y esperanza en la promesa de Dios. Con un bastón en la mano comen su pascua los israelitas (*Éx 12,11*). La vara maravillosa acompaña a Israel durante el recorrido y es instrumento para sus milagros. Jesús recomienda coger un bastón y nada más (*Mc 6,8*). Somos peregrinos en la fe y para la fe, para la confianza. El arcángel Gabriel recibe una vara de mensajero como atributo. El bastón ha sido siempre sostén de la marcha del pastor y del peregrino, así como símbolo de poder y mando (en el ejército, la vara del rey, el báculo episcopal).

En principio, son símbolos de poder y de dominio. Nos gusta utilizarlos. Escuchamos el consejo de Jesús, que nos invita a prescindir de ellos: lo importante es el anuncio. Por eso somos capaces de transformar lo que es instrumento de poder y riqueza en símbolos de anuncio y buena nueva, al servicio de los otros. Por eso debemos ser capaces de sustituir lo que son instrumentos de poder en símbolos de anuncio y buena nueva al servicio de los otros. Frente a los que operan siempre con «buenas razones», es decir, los escribas. Los que obran, «obras son amores». Frente a los que predican siempre con sus «buenas razones», está, los que obran y «sus obras son amores»: haz esto y tendrás la vida.

Para saber quién es el prójimo, fíjate en el que te ama y te lo demuestra con obras. Puede no tener tu religión ni tus opiniones, puede ser extranjero; esto es una invitación a la tolerancia y la acogida. A los «profesionales» de la Palabra, el Evangelio llama nuestra atención: no nos quedemos en el «saber», no sea que pasemos de largo ante los que se quedan en el camino. A este respecto, una de las cosas más elementales que nos enseña Jesús es que nuestro amor debe ser universal, aunque, de ordinario, aún entre los que nos llamamos cristianos, nuestro amor es condicionado y selectivo.

Solemos calcular con todo detalle cómo va a ser nuestra ayuda al prójimo: si nos es o no simpático, cercano o lejano; si comulga o no con nuestras ideas. Muy distinto es el comportamiento del Samaritano: no se detiene en razones de raza, religión o condición social, sino que, simplemente, mira a la persona herida y se siente cerca de su postración y dolor. En efecto, el amor cristiano no tiene fronteras. Y hoy es la Iglesia, todos los cristianos, los que estamos llamados a ser samaritanos, para realizar la misión de sanar a una humanidad maltrecha por el odio, la intolerancia y el desamor y conducirlo a la hermandad. La misión de la Iglesia es una exigencia del amor al prójimo: porque queremos lo mejor para todos, les brindamos la Buena Noticia del Evangelio. Nada nos dice el Nuevo Testamento acerca de María como misionera o testigo de Jesús en el mundo a través de la comunicación oral. Se recogen discursos e intervenciones de varios apóstoles; sin embargo, María se mantiene en un profundo silencio. A pesar de todo, nosotros la celebramos como Reina de los apóstoles, porque nadie como ella ejerció el servicio de dar a Jesucristo al mundo. Sin su consentimiento expreso y libre, Dios no se habría hecho Palabra. Aunque María no discursea ni predica, hace algo más importante: testimonia, transparenta a Dios y se convierte en la dócil pregonera de la acción salvadora de Dios. Y en Pentecostés, María, al frente de los apóstoles, hace de puerta abierta para que la obra sea conocida universalmente.

Hoy somos nosotros los que tomamos el relevo de tantos misioneros. Su testimonio nos está gritando que no podemos convertir nuestra fe en un pozo cerrado en medio de una finca de secano, del que no sacamos el agua para que corra y fertilice el campo cuando tanta necesidad tiene de ella. Guardar el Evangelio en la caja fuerte de nuestras conciencias es matar su fuerza y privarle de su eficacia expansiva. Lo mismo que la levadura fermenta toda la masa, o la luz rompe la oscuridad, el Evangelio tiene la capacidad de transformar a la persona y a la sociedad si lo ponemos en marcha y le aplicamos el mecanismo misionero. Si, como nos dice san Pablo en *Col 1,15-20*, Cristo es la cabeza del cuerpo, nosotros somos el corazón con el que Él ama, siente, padece, que vive y se desvive por unos y por otros.

Nosotros somos las manos con las que Él abraza, bendice y cura. Nosotros somos los pies con los que Él camina hoy por el mundo. Nosotros somos la boca con la que Él anuncia hoy el Evangelio. Si, por el contrario, nuestro cristianismo es lánguido, sedentario, que acude a la iglesia solo para pedir y consumir servicios, entonces seremos como parásitos que vivimos a costa de la comunidad, y rémora que impide el crecimiento de la Iglesia. Hay que superar esa postura comodona y egoísta, fijándonos en la disponibilidad de María.

Nuestro cristianismo tiene que apoyarse en María, la madre y la mujer creyente, porque el cristianismo no es una ideología sino una vida, una manera de ser y de contagiar felicidad. María se sintió enviada con los discípulos a ser buena noticia y allí estaba con ellos en la primera comunidad para no perder la riqueza y la vida de la comunidad.

13

María, imagen de la Iglesia

Estamos agotados, Señor. Toda la noche pescando y no hemos cogido nada. En el colegio, en la empresa, en la familia, en la comunidad, vamos dejando nuestro sudor y a veces solo nos quedan las manos espesas de amargura. Tú podrías salir con nosotros al mar de la calle. Con tu ayuda tendríamos abundancia de panes y de peces, de fuerza y de esperanza. En la cesta de la vida traemos el sudor de muchos hombres y mujeres, del mar y de la tierra. Si fuéramos Iglesia de verdad, sobrarían muchos cestos de pan y de peces después de habernos saciado todos. María, viene a pescar con nosotros, a segar nuestras mieses, a presidir nuestra oración, porque es de las nuestras, mujer sencilla y trabajadora, más buena que el pan de los hijos. María es como la cesta de los peces. En muchas culturas es el símbolo del cuerpo materno. Moisés fue encontrado en una cesta en el río Nilo. María es la cesta de panes y peces que ofrece el cuerpo de su hijo. En algunas representaciones de la Edad Media aparecen bajo un árbol Eva y María. Mientras Eva da a comer del fruto del pecado original y de la muerte, María reparte el pan de la vida tomado del árbol. El pan no solo es un regalo del cielo sino también un fruto del trabajo humano como el sacerdote dice en el ofertorio de la Eucaristía. Es el alimento fundamental para la vida, aunque no el único, porque «no solo de pan vive el hombre».

El mismo Cristo se nos da en el pan como signo de comunión con Él y solidaridad y comunión con los demás: «Ese pan que compartimos, ¿no significa solidaridad con el Cuerpo del Mesías?». «Como hay un solo pan, aun siendo muchos, formamos un solo cuerpo, porque todos y cada uno participamos de ese único pan» (*1Cor 10,16*). El símbolo de los peces aparece muchas veces en el Evangelio. En el Antiguo Testamento tiene un profundo significado. Son, por ejemplo, los que dan vida al agua que mana del templo (*Ez 47,9*). Ellos están en armonía con los árboles que crecen a la orilla del río, cuyas hojas nunca se secan y cuyo fruto nunca desaparece, por eso simbolizan también la vida y la salvación que viene de Dios.

En época de persecuciones, el pez era signo secreto de reconocimiento de los cristianos, símbolo de la Eucaristía. De hecho, en representaciones de la Última Cena, el pez aparece siempre junto al pan y al cáliz. Los peces son en el Evangelio signo de la Iglesia. «Venid conmigo, y os haré pescadores de hombres». La multiplicación de los panes y los peces es prototipo de la Eucaristía e invitación a una vida solidaria y compartida en torno a una mesa común. Jesús ha venido al mundo para decirnos cómo es Dios. Y nos lo va a decir con su persona, con signos y palabras. La multiplicación de los panes y los peces es uno de los signos que Jesús hace para decir a la gente cómo es Dios. Los apóstoles de Jesús acababan de vivir una apasionante experiencia: por vez primera el Maestro les había enviado a predicar solos. Y habían regresado a la vez felices y cansados. Estaban deseando estar a solas con Jesús para contar la aventura apostólica. Pero el ir y venir de la gente no les dejaba en paz, comentan los evangelistas: «Eran tantos los que iban y venían que no tenían tiempo ni para comer». Por eso Jesús y los apóstoles se retiraron a un lugar solitario, llamado Betsaida; pero su sorpresa fue que, al llegar a la orilla, había allí una multitud de gente esperando para escucharle.

Jesús se conmovió al ver el entusiasmo de aquella gente. Y es normal que se conmoviera porque, como dice el escritor William: «Para un hombre que vive entregado a los demás no hay felicidad mayor que el ver cómo los otros se imponen también sacrificios por su causa». Por eso Jesús se olvidó de sus deseos de soledad. No era cómodo estar rodeado constantemente de gente, pero ¿cómo no comprender que en todas aquellas personas –junto a la curiosidad y el egoísmo– había también un deseo limpio de encontrar una verdad y un amor? Entonces Jesús se sentó y comenzó a instruirles largamente. Tan largamente que pasaban las horas y no se daba cuenta. Tuvieron que ser los apóstoles quienes le interrumpieran, diciendo: «Despide a la gente para que vayan a las aldeas y caseríos del contorno a buscar albergue y comida, porque aquí estamos en despoblado». En la frase de los apóstoles se unía el interés de aquella gente y una cierta cólera: ese despedirlos tiene sabor de un «ya está bien de abusar de ti y de nosotros», «Jesús es nuestro, que nos dejen en paz». Pero en la respuesta de Jesús hay una punta de ironía: «Dadles vosotros de comer». Exige nuestro sentido de hospitalidad. Seguramente la respuesta de Cristo no les hizo mucha gracia porque ellos contestaron: «¿De dónde vamos a sacar comida para tantos? Solo tenemos cinco panes y dos peces». Jesús mandó que se sentaran por grupos. Quiere decir a la gente que la escasez de alimentos no es un problema de Dios sino de las personas, de su egoísmo. Por eso Jesús comienza el signo contando con los alimentos que tienen las personas. Al bendecir Jesús el alimento, está expresando que no es propiedad del hombre, sino que lo ha recibido amorosamente de Dios Padre. Jesús nos hace caer en la cuenta de que nos debemos a Dios y que todo lo que somos y tenemos no nos pertenece en exclusividad, sino que tenemos que hacer participar a los demás de ello con gozo y amor.

Debemos y tenemos que ser solidarios como lo fue la Madre de Jesús. A María no podemos imaginarla recluida, desinteresada. A María podemos imaginarla solidaria con los pobres de su pueblo. Ella acepta el plan de Dios, sin importarle las incomodidades que le pueda traer. Comparte las alegrías del nacimiento de Jesús con los pastores, los Magos y los habitantes de Belén. En Nazaret extenderá sus desvelos más allá del hogar familiar. En la vida pública de Jesús, María no se queda frustrada solitaria en Nazaret. Ella sigue con vibración interior las andanzas de Jesús. Con

Jesús está en la vía dolorosa, y junto a la Cruz. Su hijo nos la da por madre, María acepta la nueva responsabilidad. Después de la Ascensión, María vive unida y reunida con los discípulos. Se siente comunidad, vive en comunidad y ora con la comunidad. Después de Pentecostés María tiene un papel discreto, pero fundamental, junto a los apóstoles. Está con ellos en íntima solidaridad, recordando, reviviendo, alentando, impulsando en todo momento. Ella se dio a todos. Esto es lo que nosotros debemos imitar. No nos debemos quedar en dar solo cosas, sino que nos tenemos que darnos a nosotros mismos.

14
María, paloma en libertad

Desde antiguo, la llamada de la paloma se interpretó como signo del amor o sonido de lamento. En muchos lugares ha sido considerada, por su arrullo melancólico e inquietante, como ave del alma (los sirios, por ejemplo, construían palomares encima de sus tumbas, como morada de las almas de los difuntos). En la Biblia, la paloma es símbolo de la paz que el Señor iba a conceder a su pueblo después del diluvio (*Gén 8,11*). Las palomas son también símbolo de la sencillez y la alegría de espíritu; eran, en el pueblo de Dios, los animales sacrificados por los más pobres del pueblo (*Lv 12,8*). En el *Cantar de los Cantares* se compara la belleza de la esposa con una paloma. También el que confía en Dios se designa a sí mismo como paloma (*Sal 74*). Tener ojos de paloma es tener una mirada espiritual, pura, orientada hacia Dios. Además de signo de liberación, «Hemos salvado la vida como un pájaro de la trampa del cazador», en el N.T. aparece como símbolo de pureza y sencillez, «Sed sencillos como palomas», portadora de paz y armonía. También la paloma es la manifestación del amor del Padre al Hijo en la escena del bautismo de Jesús. Ha sido fuente de inspiración para todo arte cristiano: cuadros de la Anunciación, Pentecostés, símbolo del Espíritu de Dios.

Es curiosa la diferencia de trato de Jesús con los vendedores de animales, los expulsó con un azote de cuerdas, y con los de palomas, solo les censuró de palabra (*Jn 2,14ss.*). Representa el alma del justo: Policarpo, Eulalia, Escolástica, Justa en el momento de su muerte sale una paloma de su boca. Pureza es la paloma y sus alas el desprendimiento de lo terrestre. ¡Quién me diera alas de paloma para volar y posarme...! Partiendo de las Bienaventuranzas podemos hacer un paralelismo entre la paloma y el Sermón del monte. La paloma era, en la fe del pueblo de Dios, la ofrenda de los pobres, de los que tienen hambre, de los que se sienten lejos de Dios. María sabe que lejos de Dios su vida es estéril e infecunda, pero a su lado hay vida abundante. La paloma es el símbolo de la fe y la alegría de la libertad, y María no es otra cosa que la mejor llama de la fe y de la alegría: «Alégrate María». La paloma en vuelo es símbolo de la libertad y María es la mujer libre por excelencia. Llena de Dios no se puede sentir mayor libertad. Solo Dios nos hace realmente libres, la libertad interior de María, su espíritu y la alegría del corazón, es fruto de su cercanía con Dios y su enraizamiento en la Palabra.

Programa de las bienaventuranzas aplicado a María:

Feliz María, que fue pobre y supo vivir en pobreza.
Feliz María, que sufrió y se vio morir con la muerte de su Hijo.
Feliz María, que fue pacífica y no quiso venganza.

Feliz María, que anheló la justicia y la cantó en el Magníficat.

Feliz María, que fue limpia de corazón y guardaba en él todas las cosas de su Hijo, mientras éste crecía.

Feliz María, que supo llorar por su Hijo y por todos los hombres, y ahora ha recibido el consuelo de Dios para consolarnos a nosotros.

María es la libre paloma. En el A.T. la paloma es símbolo de paz después del diluvio. Es símbolo de sencillez y alegría del Espíritu. María era pobre, por eso ofrece dos tórtolas en la presentación de su hijo primogénito. Es símbolo de liberación: «hemos salvado la vida como un pájaro...». En el Nuevo Testamento, la paloma es símbolo de pureza y sencillez «Sed sencillos como palomas». Es, finalmente, símbolo del Espíritu Santo en el bautismo de Jesús. María es la mujer libre, la paloma de Dios. Y quiere representar también nuestra propia libertad.

Hemos sido creados libres. La libertad es la característica esencial del ser humano con respecto al resto de las criaturas. El animal no puede volver a sí mismo. No puede darse cuenta de que existe. Está sometido a los impulsos y reflejos que le impone la propia naturaleza. Una persona es consciente de sí y, aunque su libertad no es absoluta, puede decidir su propio destino. No decide el color de sus ojos, ni su lugar de nacimiento, ni a sus propios padres, pero sí decide sobre sus propios pasos. Puede, incluso, decir no a su propio Creador y hacer un proyecto de vida al margen, e incluso en contra del mismo Dios. La libertad es la cara y la cruz, la espada de doble filo. Aquí reside la grandeza y la miseria de la persona humana. Se ha dicho que las personas nacemos como originales y terminamos siendo fotocopias. Dios nos ha hecho libres, pero con el tiempo acabamos enredándonos en la telaraña del materialismo.

En *La celestina* (siglo xv) ya se nos dice que «no conocemos el valor de las cosas hasta que las perdemos». Conocemos el don de la salud cuando hemos experimentado la enfermedad. Conocemos el gozo de la luz cuando hemos atravesado la noche del miedo. Tal vez no acabamos de valorar suficientemente el don de la libertad porque nos falta una experiencia dura de esclavitud, de cárcel, de cautiverio. Pero ahí está nuestra libertad y, siendo libres, nos empeñamos en encerrarnos con nuestras propias cadenas. Nuestra sociedad se parece a un borracho que fuera del parque se agarra a la verja gritando: ¡sacadme de aquí! La libertad no es un don externo es, sobre todo, una actitud del corazón.

Es importante que experimentemos la libertad en nuestras relaciones sociales. La persona humana se realiza mejor en una democracia que en una dictadura. Pero la libertad social no es garantía de una libertad total. La democracia también puede acarrear infinitas esclavitudes, como estamos percibiendo en nuestro entorno: corruptelas, drogas, delincuencia, lujos, injusticias… Solamente un cambio personal de los ciudadanos y una opción por valores más auténticos hará posible una sociedad más libre.

El futuro de nuestra sociedad no viene de pronto como una tormenta veraniega, el futuro es el resultado de nuestras opciones actuales, de lo que escogemos ahora. Veamos nuestras contradicciones: nos asusta la violencia, el terrorismo, la delincuencia…, pero dejamos a nuestros hijos frente a la televisión o al teléfono móvil para que vean y aprendan toda clase de violencias. Nos rebelamos contra la corrupción de nuestros gobernantes, que en lugar de ser los garantes del orden y de la justicia, se embolsan nuestro dinero. Y estamos educando a nuestros hijos para que nos les falte nada y para que no sepan lo que es un sacrificio. ¿Estarán preparados para el futuro? Nos preocupa cómo será nuestra vida el día de mañana, la soledad de muchos ancianos, el abandono de tantos. En muchos hogares los ancianos son un estorbo y no sabemos qué hacer para quitarnos ese peso de encima. Nuestros hijos están aprendiendo para el futuro. Si logramos una libertad interior, estamos en camino de realizarnos como seres humanos. El espíritu de las bienaventuranzas es el lenitivo que curará las heridas de nuestro corazón ambicioso e insaciable.

María fue una mujer pobre. Dichosos los pobres, los que no viven solo para ganar, los que comparten, aunque no les sobre, los que no ponen su corazón en la cuenta corriente, los que no solo dan cosas, sino que se dan a sí mismos. De ellos es el Reino. María lloró en la oscuridad del pesebre y en la sinrazón de la cruz. Dichosos los que lloran y no desesperan, los que confían en Dios en medio de la noche oscura de la enfermedad, los que sufren por la injusticia de nuestro mundo, los que aman a Dios en el lecho del dolor, porque un día gozarán contemplando la misericordia de Dios que no tiene límites. María fue perseguida y sufrió el destierro en su huida a Egipto. Dichosos los que son perseguidos por su fidelidad al Evangelio, los que han optado por el Evangelio y no ceden ante el chantaje de los poderosos, los que han dado su vida por el nombre de Cristo porque el mismo Cristo será su abogado defensor.

Éste es el estilo del Evangelio; éste es el camino que ha recorrido María y que la ha llenado de virtudes. Éste es el estilo de tantos en la historia, cuyos nombres guarda la Iglesia como oro de la mejor calidad. Estos son los valores que conducirán a nuestra sociedad hacia la paz y la justicia por las que suspiramos cada día. Nuestra sociedad, sin embargo, tal vez también nosotros, llamamos tontos a los buenos y admiramos a los superhombres de cartón que nos imponen la moda de Hollywood y las grandes multinacionales. Llamamos vulgar a la sencillez de una mujer trabajadora, arrugada por el trabajo de la vida, e idolatramos a las mises del maquillaje que coleccionan operaciones estéticas carísimas y divorcios como si fueran sellos. Nos lo ha dicho el Señor: «Mis caminos no son vuestros caminos». Que el Señor nos ayude a ser sencillos como palomas, como María, y a descubrirle en las cosas pequeñas de cada día.

Nada tengo, y aunque todo tuviera
quiero tener mis manos libres como el viento,
sueltas, soñadoras, como el pensamiento,

para ser del cielo ave ligera.
Nada quiero, y aunque todo quisiera,
deseo solo salir a tu encuentro
cerrar los ojos y verte un momento
y despertar al cielo que me espera.
Quiero tocarte, Señor; meter mi mano
en el costado abierto por la herida
para sentirte de verdad humano,
En ese instante volverá a la vida
y serás mi Dios, mi amigo, mi hermano
y encontrarás mi tierra florecida.

15
María, mujer dolorosa

Es muy común encontrar en todas las iglesias católicas una imagen de la virgen dolorosa. Y es muy normal sabiendo que María, como todas las mujeres madres, ha pasado en su vida por momentos de dolor e ingratitud. Es una realidad que ha acompañado siempre la vida del ser humano: el misterio del mal, del sufrimiento, siempre asociado al pecado de los hombres. En nuestros días también nosotros sentimos el aguijón del sufrimiento y del mal: en la postración de la enfermedad, en la muerte, siempre inexplicable, que nos arrebata nuestras mejores compañías, en la injusticia de la guerra, del terror, del hambre, de la violencia, en las fuerzas impresionantes de la naturaleza: terremotos, volcanes, ciclones…

Nos preguntamos en medio de esta situación por el sentido de la propia vida, por la consistencia de la fe, y por la realidad de un Dios bueno que sostiene, permite o al menos hace oídos sordos, a este vendaval de sufrimiento. No existen palabras, ni gestos, ni miradas, que puedan explicar razonablemente el dolor. Es un zarpazo descontrolado que pisotea las flores, debilita las miradas y convierte la sonrisa en mueca temblorosa. No hay quien lo entienda; no hay quien lo explique. Ni siquiera desde la fe encontramos una palabra clarificadora que explique este misterio del dolor y del mal. El mismo Jesús guardó un silencio inquietante sobre esto. Desde la increencia y el agnosticismo el tema del dolor se transforma todavía más en una angustiosa realidad sin respuesta. Para los no creyentes el dolor convierte la vida en desesperación y los filósofos de la sospecha acaban utilizando palabras como absurdo, náusea, sinsentido y suicidio. La muerte es para ellos el paredón final sobre el que se ejecuta toda esperanza para el hombre.

Esto es así y no caben medias tintas, ni poesías. Pero hay un detalle curioso para nosotros los creyentes: es solo un gesto, pero un gesto valiente. Un acontecimiento que cuestiona el misterio mismo del dolor: Jesús, el hijo de Dios, no escapó del misterio del dolor y de la muerte, y una muerte de cruz. Al contrario, se sometió como uno de tantos, desde abajo, desde el sufrimiento más hondo que acarrea la tortura y la muerte, como un malhechor. Seguimos sin entender el dolor, pero se abre una sospecha de esperanza: la persona no está sola frente a la muerte: El Señor Jesús se ha hecho solidario con nosotros hasta el final.

En efecto, el dolor nos hace más humanos. La experiencia propia del dolor nos permite crecer en solidaridad. Porque sabemos lo que es el dolor en nosotros, nos comprometemos a luchar contra el dolor de nuestros hermanos. El dolor, por tanto, no es siempre absurdo: es positivo si me ha hecho más humano, más solidario, más sensible. Estamos en lucha contra el dolor absurdo y estéril, pero tenemos que reconocer que nos ha ayudado a ser más humanos, y que merece la pena el dolor cuando se invierte en felicidad para los otros. ¿Es absurdo el dolor y el sacrifico de una madre por sus hijos? ¿Es absurdo el dolor y el sacrifico de quien cuida a un enfermo o a un anciano? ¿Es absurdo el dolor y el sacrificio de quien abandona su casa, su tierra y su familia para llevar a otros pueblos un trocito de futuro, en la educación, en la sanidad o en la evangelización?

Ante el dolor, he oído blasfemar y cuestionar la misma existencia de Dios, como si Dios fuera el causante del dolor o el culpable del mal que existe. La mayor parte del dolor humano lo creamos nosotros en nuestra apuesta por el mal, por la ambición, por el poder, por la riqueza. ¿Acaso es Dios el culpable de las guerras, o de las matanzas? Hay otro sufrimiento causado por la naturaleza, que como criatura, es un organismo vivo en constante evolución que provoca en ocasiones la destrucción y la muerte. Pero no como un castigo de Dios, como un diluvio de Dios para arrasar lo humano. Es simplemente una consecuencia de las leyes naturales y de la libertad que Dios ha puesto en nosotros y en la propia naturaleza para hacer posible la vida. Si a veces las desgracias son tan grandes es porque esos fenómenos coinciden con lugares excesivamente poblados, con construcciones de escasa calidad y con recursos económicos limitados que acentúan la gravedad de los acontecimientos.

No es que la naturaleza se cebe con los pobres. No. Más bien las injusticias y desigualdades sociales ocasionan que muchos seres humanos vivan en condiciones muy precarias y, por ello, sean afectados con más virulencia por los fenómenos naturales. Los más pudientes se defienden mejor de las inclemencias.

No olvidemos que somos criaturas, no dioses, sometidos a las leyes de la finitud, a las consecuencias del nuestro propio pecado y a la pequeñez de nuestra condición humana y que por ello seremos siempre compañeros del dolor: «A los pobres los tendréis siempre con vosotros». Pero nuestro barro, nuestra debilidad, se ha colmado de gracia, porque Dios mismo se ha hecho uno con nosotros como nos relataba el Evangelio de la Anunciación. Éste es nuestro símbolo luminoso: María es un arca, llena de ternura de Dios. En ella, por su *Fiat*, su disponibilidad, Dios renueva su alianza de amor con los hombres regalándonos a su propio hijo. Dios no nos ha evitado el mal y el sufrimiento, es verdad. Pero tampoco se ha hecho el sordo y ha pasado de largo ante la limitación de sus criaturas, del hombre y de la naturaleza. Por el contrario, se ha hecho solidario con nosotros en su propio hijo para que descubramos un camino de salida, una esperanza a la desesperanza, una luz en medio de la noche del mundo. Hoy y siempre miramos a María con ternura para decirle: arca de la alianza, disponible en la Anunciación, esperanzada en la cruz, muéstranos a tu hijo y entenderemos, un poco al menos, que el dolor no tiene la última palabra en la vida de los seres humanos.

16
María, la de andar por casa

Los cristianos tenemos una deuda inmensa con María. Es una deuda de justicia y de reparación. Una restauración necesaria, como en los grandes cuadros afectados por la niebla amarilla del tiempo, para recuperar su imagen auténtica y su variado colorido original. Recuperar su imagen quiere decir desmontar y desterrar de nuestras vidas y de nuestra fe a esa María artificial y princesa, mujer de Hollywood, vestida de perlas y lentejuelas, que no es, ni se le parece, a la mujer judía, la madre de Jesús, Miriam la nazaretana. María se ha convertido en un mito, en una propuesta descafeinada y neutral; en un decorado hermoso pero innecesario en el caminar de los creyentes del siglo XXI. Y estoy convencido de que María, la mujer, la creyente, la madre de Jesús, la discípula, tiene para nosotros una auténtica lección de amor y de propuesta cristiana original para nuestro tiempo. Necesitamos abordar un proceso de arqueología espiritual en las tierras del Evangelio para encontrarnos y sorprendernos con la María original y auténtica. Entrar en una iglesia cualquiera y detenernos ante una imagen material es ruborizarnos por dentro. Sentimos que la hemos maquillado tanto que no se parece en nada a la original.

La hemos convertido en objeto de venta y de decoración en lugar de ser —porque lo es— una auténtica provocación y propuesta de fe. La hemos convertido en portavoz de mensajes de ultratumba, en milagrera de lo imposible, en talismán de nuestros chantajes a Dios. No es extraño que los hermanos protestantes nos miren de soslayo y con precaución cada vez que les presentamos la imagen de María que estamos ofertando. No es extraño.

17

María, la de la Anunciación

Cerca ya del mediodía, una niña corre la cortina de estopa que oculta la ventana de una pequeña casita enjalbegada. El sol en su cumbre se ha quedado dormido sobre el pueblecito blanco de Nazaret. Un silencio de siesta lo invade todo, interrumpido a veces por un lejano piar de jilgueros que juguetean en la rama de una higuera. La niña María tiene catorce años y corre la cortina de su ventana para rezar como cada día. Una oscuridad mal disimulada invade la habitación. El suelo es de tierra. Al fondo hay una mesa con una vela apagada, un cántaro en un rincón y un poyete adosado a una de las paredes. Es todo cuanto hay. La niña María se arrodilla y reza en silencio. Apenas sus labios se mueven en un ligero susurro. El sol, coqueteando, penetra de repente en un finísimo rayo de luz por un hueco de la ventana e ilumina el rostro de María. En la calle todo sigue en silencio. Y María escucha una voz allí dentro, muy dentro, y no se atreve ni siquiera a abrir los ojos. «Alégrate, María, llena de Gracia; el Señor está contigo». María se inquieta. «¿Qué sucede? ¿Hablas conmigo? Yo soy solo una pobre muchacha». No, no puede ser. Por un instante, María cree estar soñando. Pero no. La voz insiste. «No tengas miedo, María, porque el Señor ha encontrado gracia en ti. Concebirás en tu seno y darás a luz un hijo a quien pondrás por nombre Jesús. Será grande y se llamará Hijo de Dios». Jamás olvidaría María aquella voz profunda y a la vez tierna del ángel. «¿Y cómo será esto si no conozco varón?». «El poder del altísimo te cubrirá con su sombra». María, postrada en el suelo, no podía imaginar que Dios se hubiera fijado en ella, en tanta pequeñez. Pero allí estaba el ángel y esperaba una respuesta. María susurró en el silencio. Apenas ella misma pudo oírse: «Aquí está la esclava del Señor; hágase en mí según tu Palabra». Y el ángel se fue.

En el cielo entero resonó la voz de María y hubo fiesta grande en lo alto. Nadie en Nazaret había oído nada. El rayo de sol se apartó un instante del rostro de María y ella, temblando de emoción, se levantó y alzó la cortina de su ventana. Un suave olor a azucenas invadió la habitación. Los jilgueros seguían cantando en la rama de la higuera. Un cielo azul inmenso parecía querer abrazar las tierras de Nazaret. María, con sus manos sobre el vientre, mirando al horizonte, volvió a decir en voz alta: «Hágase en mí, según tu palabra».

Era el minuto más divino de toda la historia humana y solo una niña lo sabía. Dios tomaba carne en nuestra carne; se hacía para siempre diálogo amoroso con el hombre, Palabra encarnada que mendiga respuesta. No podemos permanecer indiferentes ante este misterio de amor que se comunica. Nuestra vida tiene que ser respuesta agradecida a tanto amor como hemos recibido de lo alto. Responder al misterio de Belén es vivir para la gratuidad, ofreciendo nuestra vida como don y como entrega, y ser oferta de esperanza para cuantos nos rodean. Mi vida ha de ser respuesta al Verbo encarnado, como María. Vacía de sí misma para regalarnos al Salvador; meditando el misterio en su corazón, discípula fiel de su Hijo.

18
María, la de la Natividad

Se hacía de noche. Un viento helado golpeaba las ramas secas y huesudas de los árboles plantados a la vera del camino. Un hombre y una mujer, a lomos de una caballería, se apresuran por llegar a la posada. José, impaciente, se vuelve de vez en cuando para mirarla, y ella, casi una niña, le sonríe. Todo va bien, José. La niña María mira al cielo. Está oscuro. ¿Dónde estará aquel rayo de luz que me inundó en Nazaret? Empiezan a temblar las primeras estrellas entre oscuros nubarrones y se oyen voces varoniles que hablan con José. No hay sitio en la posada; está todo completo. El tiempo se ha cumplido y la noche se hacía cada vez más oscura. Solo una estrella parecía abrirse paso entre las nubes. Nos quedaremos aquí, exclamó José, hay un establo y animales. No faltará un rinconcito caliente para el niño. María sonríe de nuevo y confía, como siempre, confía. En la media noche un llanto de niño rompía el silencio de las tierras de Belén. Su madre envolvió al niño en pañales y le acostó en un pesebre. La estrella brillaba con fuerza, y a lo lejos se oían voces de pastores y de ángeles. Se cumplía la promesa. A María se le iluminaba el rostro cada vez que miraba a su hijo. El Creador del universo se había acercado hasta los hombres y lloraba como uno de nosotros. Y solo José y su esposa, la joven María, lo sabían.

19
María, la del dolor

¡Qué lejos quedaba aquel instante fugaz de la Anunciación! Era un recuerdo que el paso del tiempo quería borrar y no lo había conseguido. María, que había hecho de su corazón un baúl lleno de recuerdos, sabía que eran tiempos oscuros, pero Dios nunca había faltado a su Palabra. Por eso mantuvo la entereza cuando escuchó la condena a muerte de su Hijo, aunque un estremecimiento le heló el corazón. Era toda una herida traspasada por mil cuchillos de incomprensión. De camino hacia el calvario notó que le temblaban las piernas y un nudo de hierro le oprimía la garganta. Del brazo de María Magdalena pudo llegar hasta lo alto del calvario. Nadie vio una lágrima en su rostro, ni un desmayo, ni un gemido de dolor. Estaba de pie junto a la cruz, alentando a su Hijo, mirándolo a la cara, unida a su dolor y confiando plenamente. Por eso pudo oír con claridad lo que Jesús le decía en un hilo de voz: «Mujer ahí tienes a tu hijo. Hijo, ahí tienes a tu madre». En el momento cumbre del dolor, en el cénit de su vida, en lo alto del calvario, Jesús no piensa en sí mismo sino en su madre. No quiere dejarla sola y se la encomienda a Juan, el discípulo amado. Ella sabía que su hijo tenía que cumplir la misión del Padre, que no era suyo aun habiéndolo llevado en sus entrañas. Y en medio del luto del mundo, cuando las tinieblas cubren el día y el universo entero se avergüenza de haber crucificado a su creador como un malhechor, en el momento del miedo y de las espadas, en el momento del abandono y de la soledad más cruel, María, a los pies de Jesús, tiene la certeza de que Dios hará brotar de nuevo la vida en su hijo y en todos los hijos del mundo. Rodeada de espectadores y soldados, solo ella lo sabe. El dolor impuesto es enemigo de lo humano y hemos de luchar contra él con todo empeño. El dolor asumido como camino para llegar a los otros, para poder ofrecerles vida, para liberarlos, es instrumento de salvación. Nuestro Dios se ha hecho solidario en el dolor hasta la muerte.

20
María, la de la comunidad

Una de las cualidades más hermosa de la Virgen María, es su espíritu comunitario. La Sagrada Escritura nos lo dicen de manera muy explícita y clara. «Todos perseveraban en la oración, con un mismo espíritu en compañía de algunas mujeres, de María, la madre de Jesús, y de sus hermanos» (*He 1,14*). ¡Qué importante es ser personas de comunidad que viven sus vidas y comparten su fe engarzada en la comunidad! Hoy, uno de los grandes problemas de la fe es la falta de pertenencia. Hay muchos, sobre todo jóvenes, que confiesan creer en Jesús, pero no en la Iglesia. María es una mujer de comunidad. Desde que Jesús se la encomienda a Juan, María no sabe vivir su fe al margen de los apóstoles. Es muy complejo, cuando no imposible, vivir la fe de manera individual y al margen de la comunidad. Por eso Jesús se rodea de amigos, discípulos y apóstoles, con algunas mujeres incondicionales entre las que está María. Ella estaba en las bodas de Caná.

Encontrarse con Jesús es una experiencia de vida comunitaria. Cuando descubre que su prima Isabel estaba encinta, no se queda serenamente en su casa, sino que se pone en camino para hacer posible el encuentro y el servicio. María está también en Pentecostés cuando la experiencia de fe se hace comunitaria y misionera: id. María es consciente de que su meta última no es la Iglesia en sí misma sino la experiencia viva de encuentro con el Señor, Dios de Israel. Nada es más importante que esto. No es el fin su religión, ni su ambiente, sino su experiencia de un Dios que la ha llamado y la ha probado a fuego. La religión y la comunidad son circunstancias valiosas, pero no la meta última de la existencia. Por la Iglesia podemos sentirnos empujados y animados a la fe y a la caridad, pero también al desánimo y a la decepción cuando no corresponde al deseo profundo de Jesús. Ésta es una de las causas que explican, en gran parte, la situación de la fe en el presente. No siempre se puede decir «mirad cómo se ama».

En María sí hemos descubierto este amor sin condiciones, probado en muchos momentos de su vida. María ha sido la inspiración de muchas personas para vivir su fe hasta el heroísmo y el martirio porque es una imagen muy pura de la Iglesia. Sin duda debió ser muy edificante la presencia de María en aquella primera comunidad, acompañando la vida de sus miembros y siendo testigo de la misericordia de Dios por la humanidad. Por eso no debe faltar nunca en nuestra comunidad su presencia viva y edificante como modelo y como mediación. Ruega por nosotros.

21
María, la de las letanías

Yo creo que ninguna mujer en la historia de la humanidad ha sido llamada con tantos nombres. En las letanías del rosario se recogen algunos de esos nombres que nos resultan tan familiares, aunque muchas veces no sabemos el sentido que encierran. El rosario ha sido para mí muy cercano porque he visto a mi abuela y a mi madre siempre con su rosario en las manos. La letanía, llamada lauretana, es decir, de Loreto, porque allí se usó por vez primera, recoge muchos de esos nombres que, como piropos, decimos a María. La Virgen solo es una, pero los cristianos queremos resaltar en ella esas cualidades que la hacen distinta y la convierten en modelo para todos nosotros. Letanía significa oración en griego y se usa desde muy antiguo, ya desde los primeros siglos. No es la única, hay otras letanías que están aprobadas por la iglesia.

La letanía lauretana recoge los nombres que a la Virgen le dieron los Santos Padres y termina con la aclamación al Cordero de Dios, su hijo Redentor. Creo que todos hemos rezado alguna vez esta hermosa letanía que pertenece ya al inconsciente colectivo de la cristiandad. La letanía no es un cuerpo cerrado, con el tiempo algunos papas fueron añadiendo nuevas invocaciones relacionadas con el momento que el mundo va viviendo: Reina de la paz, Auxilio de los cristianos, Reina del Santísimo Rosario, Madre Inmaculada. También algunas congregaciones religiosas invocan a la Virgen desde el carisma que viven y para el que han sido fundadas: Madre del Carmen, redentora de cautivos. Rezar la letanía es alabar a Dios por María y por todas las obras grandes que ha hecho a través de su disponibilidad que hizo posible que el Verbo se encarnara. «El Poderoso ha hecho obras grandes por mí» Acercarse a las letanías de la Virgen es arrodillarse junto a ella en su pobre casa de Nazaret.

Santa María

María es santa porque Dios la había predestinado para ser la madre de su hijo, es la sin pecado, la Inmaculada. Su nombre, sencillamente María, Miriam la nazaretana. Y esta mujer es santa. Por eso el pueblo sencillo de Dios le canta Virgen pura. «Tomad, Virgen pura nuestros corazones...». Cada vez que acudimos a ella no quedamos defraudados, decía san Bernardo, y añadía que este nombre tiene un poder curativo. María suena a dulzura y consuelo, a madre bondadosa y fiel, a madre donde refugiarse cuando llega la noche oscura de la vida, que siempre llega.

Consideramos santas a las personas que muestran una especial elevación ética, que están adornadas de muchas virtudes y hacen fructificar el bien por donde pasan. Por esto mismo llamamos santa a la Virgen

María. Nadie como ella ha alcanzado tan alto grado de elevación ética y espiritual y ha hecho germinar el bien, su propio hijo, el mayor de los bienes posibles. En la sagrada Escritura la santidad es la cualidad que confiere la pureza, la dedicación a Dios y la separación de los engaños del mundo. Para el Papa Juan Pablo II, la santidad no es una audacia heroica, sino el deseo de fidelidad que con la ayuda del Espíritu Santo conduce a la persona a ser modelo de perfección y testigo de un amor a Dios especial e incondicional. Un amor a Dios que también se dirige y se comparte con los demás. María reúne todas las cualidades para ser santa y modelo de santidad: pureza, vida instalada en la verdad, ansia de perfección, limpieza de corazón, lejanía del mal, consagración a Dios. María trató de vivir en coherencia y con fidelidad a la vocación materna que Dios le había encomendado, pareciéndose cada día más a Él.

La raíz hebrea *qadash* tiene que ver con apartarse del mundo para vivir más cerca de Dios. Es un término que normalmente se refiere a la santidad de Dios, el tres veces santo, se aplica por analogía a aquellas personas que desean parecerse lo más posible a Dios. Del mismo modo, y por la misma razón, hablamos de lugares santos porque ahí ha habido presencias o muestras de la santidad de Dios. El lugar más santo, sin duda, ha sido el vientre inmaculado de María.

Santa Madre de Dios

Al acudir a María le suplicamos que sea nuestra mediadora y ruegue por nosotros. María es un cauce privilegiado para acercarnos a Dios. Los novios de Caná tuvieron la dicha de que María intercediera por ellos para obtener el vino nuevo de la fiesta, signo de la salvación, de la nueva comunidad. No hay canal más firme, seguro y más fuerte que María para obtener nuestras gracias. Sin duda, llamarla Madre de Dios es el título más hermoso y que en propiedad podemos darle. La Iglesia ha declarado dogma este título mariano. Un misterio que nos da a entender que María no solo es madre de Jesús hombre sino de Cristo Dios. María, con su *Fiat* hace posible que Dios transforme su ser para que sea realidad en él la naturaleza humana del Verbo. Dios se encarna en una mujer y, por eso, María es el cauce de la naturaleza humana del Verbo. No es ella quien encarna al Verbo, sino el lugar donde se encarna por voluntad del Padre. Una naturaleza que no puede separarse en absoluto de su condición divina. «Siendo de naturaleza divina se despojó de su rango y se hizo hombre como nosotros, en todo menos en el pecado».

Santa Virgen de las vírgenes

Entre todas las vírgenes de la historia que han querido vivir su consagración de una manera firme y radical y la Iglesia ha reconocido sus virtudes, hay una, la Virgen entre las vírgenes, que es María. Su virginidad tiene mucho de sublime, de divino, de perfecta, porque le ha venido de parte de Dios. Fue escogida para ser la cuna del Verbo y esta cuna solo podía ser virgen, única, reservada. Como los hombres reservamos una extensión de tierra para mantenerla virgen, in-contaminada, espacio natural, Dios escogió la tierra virgen de una mujer para que su hijo tuviera el nacimiento más digno a su condición. No hubiera pasado nada si Dios no lo hubiera hecho de esta manera, pero así quiso hacerlo. Quiso mantenerla virgen antes del parto, durante el parto y después del parto. Y si quiso hacerlo y podía hacerlo, pues lo hizo. Es la virgen madre por excelencia, la Virgen de las vírgenes, la mujer Virgen fecunda. Y se acabó la discusión. Porque esto no es cosa ni capricho de los hombres sino de Dios.

Madre de Cristo

María es madre de Jesús y madre de Cristo redentor, es la *Theotokos* en griego, en latín *Dei Genetrix*, que significa literalmente: «La que da a luz a uno que era Dios». Así lo declaró el Concilio de Éfeso en el año 431 de manera dogmática. Existen una inmensa variedad de iconos orientales bellísimos de la *Thetokos*. Para mi gusto, en España, el más hermoso que conozco es el fresco románico del ábside de santa María de Tahüll (año 1123), en el valle de Bohí, en Lérida, declarado por la UNESCO patrimonio de la Humanidad. Ahí podemos ver el famoso ábside de santa María de Tahül. Aunque es una imitación, porque el original está en el Museo Nacional de Arte de Cataluña, en esa costumbre comercial y turística de despojar a las iglesias de sus frescos originales para enriquecer los museos, con la oposición viva de todo el pueblo, en lugar de protegerlo y dejarlo en el lugar original para el que fueron hechos con una intención puramente religiosa y no turística. Mucho más cuando esta iglesia románica es de una belleza extraordinaria, con su torre de seis alturas en medio de un valle de hermosa vegetación que llega a su culmen en otoño.

María participa de la grandeza de Dios al ser su madre. Es la mujer consagrada, modelo de toda vida consagrada en su sí y en su disponibilidad al plan de Dios. Saludar a María como Madre de Dios es introducirnos en el misterio de la Encarnación que trae la vida al mundo, muerto por el pecado y la desolación.

Madre de la Iglesia

Fue en tiempo del papa de feliz memoria, Pablo VI, cuando esta advocación fue introducida en la letanía lauretana, coincidiendo con la tercera sesión del Concilio, la de clausura, en 1964. Estas son las palabras que el papa pronunciaba en el Concilio Vaticano II: «Así, pues, para gloria de la Virgen y consuelo nuestro, proclamamos a María Santísima Madre de la Iglesia, es decir, Madre de todo el pueblo de Dios, tanto de los fieles como de los pastores que la llaman Madre amorosa, y queremos que de ahora en adelante sea honrada e invocada por todo el pueblo cristiano con este título». En la historia de la salvación, sin duda, pesa mucho esta maternidad de María en el seno de la Iglesia peregrina desde Pentecostés. Si María es Madre de Cristo, lo es también de todos los fieles que, como su cuerpo, constituyen la única Iglesia.

Madre de la divina gracia

El primer lugar donde descubrimos que a María se le llama «llena de Gracia», en griego *Kecharitomene*, es en el saludo del ángel en el evangelio de *Lc 1,28*. «Llena de Gracia» significa estar desbordada de la preferencia de Dios, de sus dones, de su amor. En el año 2015, el director de cine norteamericano Andrew Hyatt, produjo la película «Llena de gracia» (Full of Grace), con una duración de 83 minutos. Una película interesante que comienza por el final, cuando Pedro, apóstol, acude a María para que le ayude a dar a conocer la Buena Nueva de Jesús. Para muchos católicos resultó, a pesar de no ser una película de tipo comercial, un merecido homenaje a la Virgen María. Es un tema al que también ha recurrido con frecuencia la música católica. He aquí la letra de una de esas canciones:

«Como nueva luz de amanecer, como brisa que inquieta el trigal, eres tú, María, mujer fiel, espejo de libertad. Como agua limpia del manantial, como tarde bañada de sol, eres tú, María, mujer de paz, abrazo de luz de Dios. Como nube blanca en cielo azul, como barca que cruza la mar, eres tú, María, mujer de Dios, destello de la verdad. Como espiga limpia que en el trigal ansía algún día ser pan, eres tú, María, en mi caminar y contigo deseo llegar. Como una amapola en el trigal nos regala su aroma y color, eres tú, María, mujer sin par, modelo de mi oración. Como la mañana nos da su luz que acompaña nuestro caminar, eres tú, María, junto a la cruz, modelo de caridad».

«Llena de gracia» es el saludo del ángel y eso es lo que hace posible que el Verbo se encarne en ella, no a pesar de ella sino contando con ella, con su sí. Dios nunca se impone, se propone. Cristo es la gracia y María el cauce por donde pasa e impregna todo cuanto toca. Ella ha sido rozada y contagiada de la gracia de su hijo. Nadie como ella está tan llena de gracia y el ángel Gabriel lo sabe y por eso así la saluda: «Llena de gracia».

Madre de la esperanza

No cabe duda alguna de que María pasó por muchas noches oscuras como pasamos todos los seres humanos, pero es en el saludo del ángel donde ella afianzó la esperanza. No la perdió en Nazaret, después de decir sí, cuando se ve sola y embarazada sin haber convivido con José, con lo que eso significaba para una mujer judía en aquel el tiempo: el repudio y la humillación; ni perdió la esperanza cuando muchos la perdieron por completo al ver a su hijo crucificado como un malhechor. «Nosotros pensábamos que iba ser el liberador de Israel, pero de eso hace ya tres días», decían los de Emaús. María permanece de pie junto a la cruz, enhiesta, sin perder la esperanza, sostenida por su confianza en el plan de Dios. Ella sabe escuchar la Palabra y meditarla en su corazón y ahí está el secreto de su esperanza: espera contra toda esperanza. Está también presente en la primera comunidad cristiana, esperando con los discípulos en la fe y en la oración. Y con ella los discípulos aprenden a esperar.

Madre purísima

Ninguna sospecha de duda podía haber a la hora de escoger a la mujer que iba a ser vientre, pesebre y regazo del mismo hijo de Dios. Purísima significa la total credibilidad de que en ella no hay ni siquiera sospecha de penumbra, sombra o duda de mal o imperfección. Ni la hay ni podía haberla porque era el mismo Dios quien la escogió. Nadie como ella disfrutaba de tanta perfección y amor a raudales. El amor es la cumbre de la perfección y María amaba sin medida y sin fisuras. No hay ser humano que no haya caído cientos de veces, María, por privilegio de Dios, no. El pecado y la sombra pasaron de largo ante su belleza interior. El pecado se avergonzaba en su presencia. Podemos encontrar en María muchas limitaciones y carencias humanas: falta de cultura, miedo, dudas, falta de experiencia, pero mancha alguna de ninguna manera. Era una reserva natural para la humanidad. Y por eso Dios la eligió.

Madre castísima

En todos los ámbitos de la personalidad, en la mente, en las manos y en el corazón, María conservaba una castidad perfecta. No tanto por sus méritos humanos sino por la gracia que Dios había depositado en ella. Su alma era un manantial de castidad y transparencia. En ella destacaba su virginidad como la luna en medio de la oscura noche. La virginidad es la disponibilidad de María de ser exclusivamente para Dios y para que se haga en ella su voluntad. Y

María lo tuvo claro y respondió sí al ángel, y desde ese momento solo su Hijo ocupó su corazón por completo, se hizo su fiel discípula y ejerció de madre, aunque fuera en la distancia. Solo él fue desde entonces el centro de su corazón.

Madre sin mancha

¿Quién no ha visto alguna vez un lago transparente y profundo? Estoy pensando en los lagos de Covadonga, en La Laguna Negra de Soria, la laguna glaciar más grande de la península Ibérica, donde Machado sitúa el conocido y trágico romance de la Tierra de Alvargonzález, las lagunas de Ruidera, en mi tierra, Ciudad Real. Pueden ser el símbolo más apropiado para entender lo que significa que María es la de «sin mancha». Reservada y resguardada por Dios para que no sufriera la marca del pecado original que todas las personas traemos por nuestra inclinación al mal, aunque no hayamos pecado libremente, es como una marca en el ADN, como una herencia de nuestros antepasados. María tuvo el privilegio de ser excluida de esta mancha tendenciosa. Y todo gracias a la gracia que Dios le había otorgado desde el principio. Estaba en juego la redención de la humanidad y esto había que hacerlo bien desde el principio. Y, además, María puso todos los medios para que esto fuera así. Ella colaboró con la causa desde sus posibilidades y opciones. Fue una mujer cooperadora con el plan de Dios. Su amor a Dios desde la pequeñez de su humanidad y su actitud de fe en medio de noches oscuras la hacían candidata a mantener su limpieza de corazón y de mente. ¡Qué grandeza la de María en su pequeñez! Como un lago transparente y profundo donde poder mirarnos como en un espejo.

Madre incorrupta

La vida de María no fue una vida extraña y distinta de la que vivían las mujeres de su tiempo. Su vida fue como la de cualquier nazaretana con una diferencia: la belleza y santidad de sus costumbres, manteniéndose al margen de la vulgaridad y los intereses que ocupan a la mayoría de las personas. Ella fue especial en sus pensamientos y en sus acciones. Podía haber sido como la mayoría de las personas, pero no lo fue, había algo en ella que la guardaba de la lucha humana de cada día y de los intereses más comunes porque estaba enraizada en Dios, como buena creyente judía. No exigía nada en una sociedad de muchas exigencias y daba mucho, aunque no se lo pidieran. Atendía las tareas del hogar mientras su esposo se dedicaba a la carpintería, donde lo mismo hacía una mesa que arreglaba una gotera o levantaba una pared por encargo. La belleza de sus costumbres hace que María sea declarada incorrupta. Logro zafarse de esa lacra, no sin esfuerzo, de esas actitudes materialistas y mundanas, como dice el papa Francisco, que nos envuelven a diario y nos impiden alzar el vuelo. Sus costumbres cotidianas estaban teñidas por la santidad y la limpieza de sus costumbres. Nunca la corrupción se atrevió a acercarse a su hogar porque sabía que allí no tenía nada que hacer. Tal vez así podemos entender un poco más que Dios la llevara al cielo en cuerpo y alma en el momento de su dormición.

Madre inmaculada

La Iglesia siempre lo ha tenido claro: la Virgen nació pura, sin mancha ni arruga. Así lo ha proclamado solemnemente como un dogma, una verdad indiscutible. Estuvo en el seno de su madre, Ana, y no se contagió del ADN humano con el que nacemos y que nos empuja hacia el mal. No, ella estaba reservada como un campo natural protegido con una misión única. Ella no había participado del pecado de Adán y Eva sino más bien es la que pisa la serpiente del mal que sedujo a Eva y Adán. Por aquellos vino la muerte, por María, la Vida plena. Es por eso, la Inmaculada. Su divino hijo, le concedió de antemano esa gracia porque sabía cómo iba a responder ella. Y el arcángel que la visita en Nazaret ya lo da por hecho: «Llena de gracia». No era posible que el hijo divino naciera en una criatura presa del pecado y la maldad y sobornada por el maligno. María es la primera de todos los que confesamos el nombre de Jesús como Salvador, es la medidora y el mejor modelo. Será siempre conocida y amada por el pueblo cristiano como Inmaculada.

Madre amable

La Virgen María merece ser amada por muchas razones. Sobre todo, por ser hermosa en su interior y en su exterior. El cuerpo y el alma de María son limpios y transparentes. Y su proyecto de apostar por el bien nos lleva a amarla de corazón. No hay muchas personas así. En María se unen la hermosura y el deseo de hacer el bien. María se deja amar porque su actitud ante la vida y ante los demás es positiva y llena de confianza. María merece ser amada. Ella no se deja llevar de los errores de otros, sino que mira hacia adelante y no juzga ni se deja condicionar por lo que digan otros. María piensa en los demás y no solo en sí misma. Sale enseguida a ayudar a su prima Isabel cuando sabe que necesita ayuda y se pone en movimiento cuando ve que los novios de la boda de Caná no tienen vino, aunque no sea cosa suya. Es una mujer amable que sabe criar y educar a su hijo en los valores de la fe judía. Sería una dicha haber tenido a María como vecina. En su corazón caben todos y nadie es excluido o apartado de su mirada y de su amor. Por eso cuando un creyente tiene necesidad y está preocupado por algo acude a María sabiendo que ella es una mujer amable.

Madre admirable

¿Cómo no admirar a María si en ella Dios ha depositado tantas virtudes y dones? Todos admiramos a muchas personas con las que nos vamos encontrando a lo largo la vida. Encontrarse con la Virgen María, acudir a ella y conocerla mejor es una experiencia muy grata para la vida y para fe. Acaba siendo una maestra indiscutible de la fe. Y todos hemos admirado a nuestros maestros en el camino de la vida porque han despertado en nosotros poderosas cualidades que nos han permitido afrontar la vida con más posibilidades de éxito. Yo he tenido maestros admirables en mi formación y en mi camino cultural y cristiano Y negarlo sería ser un necio. Alguno de ellos, como el P. Jerónimo, mercedario, lo tengo por santo. Y nadie podrá negármelo. Y, precisamente, él me animaba en mis confesiones y en mis charlas con él a acercarme y a venerar a la Virgen María. Era su consejo constante. ¡Tengo tanto que agradecerle! María es admirable, no tanto por haber sido la Madre de Dios, que también, sino, sobre todo, por su fe encendida y agradecida, como la de aquellas vírgenes prudentes que mantenían encendidas sus lámparas en medio de la noche de la vida. María es admirable y si los cristianos nos fijáramos más en ella nuestra fe se purificaría y maduraría en las noches oscuras y en medio de la falta de interés que suscita la pregunta por Dios.

Madre del buen consejo

Los hijos acudimos a nuestras madres para pedir orientación y consejo cuando no vemos las cosas claras. Bueno, la verdad es que nos dan los consejos sin que se los pidamos. A veces insisten tanto que acaban siendo pesadas. ¡vale, mamá, que ya me lo ha dicho muchas veces! Pero ellas no desisten porque les preocupa que nos equivoquemos y luego suframos las consecuencias de una mala decisión. Exactamente igual que hizo María con Jesús. «¡Hijo! ¿Por qué nos has hecho esto? Tu padre y yo te hemos buscado preocupados. Estábamos muy preocupados por ti» (*Lc 2,48-52*). Hoy nos fijamos en María para escuchar sus consejos. Es la madre del Buen Consejo. Si Dios la encontró llena de gracia ¿quién mejor que sea ella quien nos aconseje y nosotros nos dejemos aconsejar? Si fue el Espíritu Santo quien la cubrió con su sombra, la cubrió también con el don del consejo que es un don del Espíritu Santo. Y en efecto el Espíritu Santo la iluminó de forma especial porque era una mujer especial y solo por eso fue capaz de pronunciar su *Fiat* y aceptar desde el silencio de su vida todos los retos que ese *Fiat* suponía y que en esos momentos ni ella misma se imaginaba.

El don del Consejo es muy necesario para nosotros, como lo fue para María, a la hora de vivir nuestra fe con madurez en medio de un mundo cada vez más alejado de la fe y frío para con los temas relacionados con la transcendencia. Jesús no es un personaje de moda. Escuchando hace poco una entrevista en televisión me sorprendió una respuesta que dio una mujer inteligente y bien preparada, escritora y artista, hija del famoso Sánchez Dragó, Ayanta Sánchez Barili, cuando le preguntó el periodista quién era para ella el personaje más importante de la historia. Ella, después de pensar un poco, respondió: ¡Dostoyesvski! Yo me quedé de piedra. ¿Dostoyesvki, el personaje más importante de la historia? Sin duda es un gran personaje el autor de la novela Crimen y castigo, pero puede serlo de la literatura o de la psicología, ¿pero de la historia? Muy respetable pero muy discutible. Tal vez lo más grande de este autor es que definió el infierno como la falta de amor. No olvidemos que este autor fue una fuente de inspiración del nihilismo. Es, seguramente, el mayor representante del existencialismo con su frase «Si Dios no existe todo estaría permitido». No estoy de acuerdo en que sea el personaje más importante de la historia. María es quien nos puede dar un buen consejo a la hora de saber elegir al mejor personaje de la historia para nuestra vida.

Madre del Creador

María ha sido la madre de Jesús, el Verbo Encarnado. El Verbo es el centro y culmen de la creación. «Porque en Él fueron creadas todas las cosas, las del cielo y las de la tierra, visibles e invisibles, tronos, dominaciones, potestades; todo fue creado por Él y para Él» (*Col 1,16-17*). Si Cristo Jesús es el Creador de todo cuanto existe, María, su madre, es la Madre del Creador. Si María engendró al Hacedor de todo, de alguna manera ella es también «hacedora» de la Creación. Ella tomó parte, como Madre del Creador, en la obra creadora de su Hijo. Habrá una nueva creación, que ya está gimiendo con dolores de parto, en la que María tiene también parte esencial por ser consentidora en su *Fiat*. Es parte implicada en la nueva creación. Sin su *Fiat* no hubiera sido posible el proyecto de la nueva creación. En la primera creación el hombre fue elevado a imagen de Dios, «hagamos al hombre a nuestra imagen y semejanza», en la segunda creación María con su «hágase» hace posible que la criatura se vea unida para siempre al Creador, el

Verbo Encarnado. Su «hágase» es renovador, restaurador, y creador. Ella es la Madre del Creador.

Madre del Salvador

Jesús entregó su vida por la humanidad en la cruz. El cordero que Abraham encontró enredado en la maleza cuando iba a sacrificar a su hijo Isaac fue una imagen del cordero pascual. «Dios proveerá». María, como madre de Jesús salvador, participa solidariamente en la redención humana. Ella misma vivió el sacrificio de la cruz de manera presencial. Estaba de pie junto a la cruz. Nadie como ella estuvo tan unida al misterio salvador de su hijo en el momento preciso del sacrificio del cordero. Nadie como ella. Pudo ver su sangre derramada y sentir la herida del costado en su propia carne. No hay mayor dolor que pueda sentir una madre que el dolor de su hijo. Ella misma estaba siendo «crucificada» en el dolor de su hijo. Lo vivió en primera persona. Legítimamente puede ser llamada Madre del Salvador. Ella participa, es cooperadora, en la obra salvífica de Cristo. Asociada como nadie a la cruz y al misterio salvador. Y en ese gesto salvador de Jesús al lado de María la hemos recibido como madre: «Ahí tienes a tu madre».

Virgen prudentísima

Sin duda, la prudencia es una gran virtud, la primera de las virtudes cardinales. Gracias a ella podemos lograr un espíritu de discernimiento sano, tan necesario en nuestros días azotados por las prisas y el estrés que nos imponen los rápidos acontecimientos que vivimos. La iglesia ha descubierto en María el don de la prudencia y se mira en ella como modelo seguro. María, desde su encuentro con el ángel, se destaca por su prudencia y su templanza. Su pregunta al ángel Gabriel: «¿Cómo será esto si no conozco varón?», no es, en absoluto, una duda, sino la puesta en práctica de la virtud de la prudencia. María quiere saber para ver cómo debe actuar, para no ser imprudente en sus decisiones. Zacarías y Abraham fueron incrédulos ante la propuesta divina, María no, ella es prudente.

Virgen digna de veneración

Cuando una persona es excelente en su pensar y actuar es digna de admiración por los demás. Es considerada por todos como modelo de vida. Y la veneración es el honor que se le confiere a quien es capaz de actuar desde la moderación, la lealtad y la santidad, acompañado de las buenas obras. Se gana así el afecto y la consideración de todos. La santidad es causa de veneración. Contemplar a María y descubrir su inmensa santidad es entender por qué es digna de veneración y afecto. Los cristianos lo sabemos bien. Me impresiona mucho contemplar los iconos orientales de la Virgen y descubrir en su rostro esa ternura que nos impulsa a la veneración. He estado en Éfeso en el monasterio ortodoxo de san Juan Evangelista, justo al lado de la gruta donde él escribió el Apocalipsis. Este monasterio, que es una inmensa fortaleza desde la que se contempla Éfeso y toda su bahía, es un lugar lleno de iconos de la Virgen María, con rostros tan llenos de ternura que te invitan a arrodillarte, contemplar y venerar. Yo creo que nadie como los monjes ortodoxos han conseguido crear, con su arte, estos espacios de oración tan especiales. Me sucedió lo mismo en la catedral de Santorini y en el monasterio de la Tentación, en Jericó, Palestina, excavado en la ladera de un monte a 350 metros sobre el nivel del mar. El lugar es tan espectacular entre las rocas y los iconos que alberga el monasterio son tan bellos que, con solo contemplarlos, brota espontáneamente en el corazón un deseo profundo de veneración.

Virgen digna de alabanza

Ya el rey Alfonso X el sabio, por los años 1270 y 1282, escribió en la lengua galaicoportuguesa unos manuscritos bellísimamente ilustrados, incluso con anotaciones musicales monocordes, unas composiciones en honor a la Virgen María. Son 427 composiciones de alabanza a la Virgen, donde destaca los milagros de la virgen en favor de sus devotos. El gran filólogo y lingüista Menéndez Pelayo las denominó «la biblia estética del siglo XIII». Todas las Cantigas son un deseo del rey cristiano de que sus vasallos alaben a la Virgen por su misericordia para con nosotros. Es un ejemplo de cómo la Iglesia y todos los fieles han sentido la necesidad de alabar a María por su misericordia y su grandeza en la obra salvadora de su Hijo.

Son innumerables los motivos por los que María es digna de alabanza y por eso también lo recogen las letanías lauretanas del Rosario. Esta invocación pretende invitar a todos a imitar las virtudes de la Virgen. Nadie como ella, después de Jesús, ha habido más santa y pura, más entregada a Dios y más fiel a su vocación maternal y bien merece ser alabada y bendecida por ello. A través de las fiestas populares y litúrgicas la Iglesia ha querido destacar estas facetas y momentos especiales de la vida de María para que podamos conocerla más y honrarla. Hay cientos de himnos, canciones y letanías para alabarla y bende-cirla. Muchas procesiones también nos la hacen más cercana en sus múltiples advocaciones y manifesta-ciones artísticas. Disponemos de una verdadera ri-queza de expresiones artísticas que rodean a María y que brotan de la fe y la devoción de los creyentes. El papa Juan Pablo II habló de España como «la tierra de María» en su despedida, después de su visita en mayo de 2003.

Virgen poderosa

Hablar de poder en María parece una antítesis. La mujer sencilla de Nazaret que, probablemente, no sa-bía leer ni escribir, no parece ser portadora de lo que entendemos por poder. Pero María es muy poderosa en otro sentido. No es un poder propio, pero sí lo es participado del poder de su hijo. Su poder no es suyo, le viene de lo alto. Su poder está asociado al poder de Jesús. Ser madre del Salvador y Creador del mundo no es cualquier cosa. Su poder es un poder espiritual como partícipe y colaboradora en la salvación y redención de la humanidad. Son muchos los milagros que se le atribuyen como intercesora en la fe de los fieles: Lourdes, Fátima, Loreto, Czestochowa, Aparecida.

Virgen clemente

La clemencia es la virtud que nace del amor. Prefiere la misericordia a la ley y a la exigencia de la justicia. De Jesús hemos aprendido que la ley está al servicio del hombre y no al revés. Fue una lucha constante con los fariseos y los levitas. Él nos ha enseñado que Dios es clemente y misericordioso. Ante la clemencia se serenan los ánimos y aparece la tranquilidad de sentirnos seguros y sin el peso abrumador de la culpa. Nos sabemos perdonados en su presencia. Si nuestro Dios es clemente ¿a quién temeremos? Y por asociación, María es también una mujer clemente que ha aprendido en la escuela del Dios de la ternura. Solo por su maternidad no podemos imaginar a una mujer que no esté llena de comprensión y cariño. Le va en su naturaleza de madre.

Hay una anécdota que dice que el padre Dios comenzó a ver gente extraña en el cielo y fue a pedirle explicación a san Pedro. Éste le dijo que era culpa de María porque había abierto un hueco en algún lugar y dejaba pasar a todos los que se lo pedían. Dicen que el Padre sonrió y allí todo siguió como estaba. Es solo una historia, pero habla muy a las claras de María como mujer clemente. Ya lo dice san Bernardo:

«Ninguno de los que acuden a ella se ven defraudados». Quien es amor no desea ni busca el castigo, ni siquiera se lo plantea. Empeñarnos en ver a un Dios castigador, después de haber conocido a Jesús, es una actitud patológica. Si algo nos ha enseñado Jesús del Padre es que es perdonador porque el clemente ama y promociona el perdón. María se preocupa de poner ante Dios y suplicar el perdón de sus hijos porque es clemente. María ama a la humanidad a la que su Hijo ha redimido. No puede ser de otra manera. Por eso la invocamos como clemente.

Virgen Fiel

María destacó por su fe inquebrantable en medio de todas las dificultades y pruebas que se le fueron presentando en su vida. Es una maestra bíblica en la fe. Su fidelidad a los planes de Dios es la causa de una fidelidad probada. Gracias a eso Dios pudo llevar a cabo sus planes para la humanidad. Su fe hace que no dude cuando el ángel la visita, en dar su pleno *Sí*: «Aquí está la sierva del Señor». Su fe la lleva a ayudar a su prima Isabel cuando el ángel le anuncia su embarazo, siendo una anciana. ¡Hubo tantos momentos en que María tuvo que agarrarse a la fe para salir adelante! Fue muy duro ver a su hijo en Nazaret, cuando sus vecinos no creen en él porque es solo el hijo de un carpintero y, sobre todo, en el momento terrible para una madre como la muerte de su hijo en cruz, abandonado por sus amigos. El Calvario fue, sin duda, una dura prueba para su fe y ahí estaba ella de pie. Siempre fiel. Y después compartió su fe con la primera comunidad con quien compartía la vida y la oración. Hizo una promesa ante el ángel y mantuvo su fidelidad en toda circunstancia. Quiso ser plenamente fiel a Dios, toda de Dios. No hubo un solo momento en la vida de su hijo donde María no esté presente incluso en la distancia.

Espejo de justicia

Cuando hablamos de justicia nos referimos a una virtud cardinal que es fundamental para la coherencia de la vida cristiana. Está en juego la manera como hemos de vivir nuestra relación con los demás desde los presupuestos de la fe. Desde la actitud de María, en su relación con los otros, apreciamos cómo es una mujer llena de justicia. Mira con ojos misericordiosos y justos. Bien podemos mirarnos en su espejo para poder así vivir nuestra vida cristiana con más coherencia y habitados por la justicia. Ella es un espejo donde podemos mirarnos. Ser justos es dar a cada uno lo que le corresponde, a Dios lo que es de Dios y al César lo que es del César y a nuestros hermanos lo que es suyo desde su condición y dignidad de hijos de Dios.

Muchos mártires han dado la vida por defender la justicia. Un ejemplo significativo ha sido la muerte de Monseñor Óscar Romero, ejecutado por la autoridad militar de El Salvador, mientras celebraba la Eucaristía, por alzar su voz contra la injusticia y la opresión de las autoridades sobre los más pequeños e indefensos del pueblo. Esta defensa de los derechos humanos le condujo al martirio. Y como él muchos otros cristianos, hombres y mujeres a lo largo de la historia. La coherencia de la vida cristiana nos lleva a vivir según los mandamientos de Dios y a hacer posible un mundo más justo y fraterno.

La Sagrada Escritura está llena de ejemplos de justicia en el Antiguo y en el Nuevo Testamento: Abraham, Moisés, Job, y fueron justos no por sus méritos propios sino por la gracia que Dios había depositado en ellos y ellos supieron hacer fructificar. María ha sido uno de esos modelos indiscutibles de justicia donde podemos mirarnos como en un espejo. Ella estuvo atenta para ocuparse de las necesidades de los que estaban cerca de ella. Acudió enseguida a ayudar a su prima Isabel cuando vio que necesitaba de ella. Lo mismo sucedió en las bodas de Caná, donde se ofreció a ser mediadora de la necesidad de aquellos novios que no tenían vino. Y no solo fue justa y misericordiosa con los novios sino con todos los invitados a la boda. María es una mujer justa porque refleja la fidelidad a Dios, la justicia divina y la solicitud hacia los hermanos.

Trono de la sabiduría

La sabiduría es la cualidad de las personas que se conducen con sensatez, prudencia y acierto. A la Virgen la llamamos en las letanías «Trono de la sabiduría». ¿Por qué? La sabiduría eterna es su Hijo Jesús, encarnado en su seno. Esa sabiduría, dice la tradición cristiana, descansó en el seno y en el regazo de una mujer: María. Y la mejor sabiduría de María fue decir «Sí» a lo que Dios le pedía. Fue la decisión más sabia de su vida. Le traería muchas dificultades, pero también la mayor de las alegrías: Ver a su hijo resucitado después de una crudelísima pasión. En el Antiguo Testamento la sabiduría es un personaje femenino que conduce a la humanidad hacia Dios (*Prov 9,1*). ¡Qué curiosidad que María haya sido también una mujer que nos ha señalado a su Hijo Jesús! «Haced lo que Él os diga». La sabiduría se personifica en María, la mujer que supo escoger el mejor camino. La sabiduría se ha encarnado en María, se ha hecho tan cercana a la humanidad que si ésta supiera escoger bien sería pura sabiduría. María supo escoger bien y la sabiduría misma se posó en ella como en un trono. La iglesia ortodoxa, nuestra hermana, también gusta llamar así a María. María es trono de la sabiduría porque en su regazo, como en un trono, la misma sabiduría eterna se personificó. Un trono, así mismo, suena a realeza y también María es llamada reina por sus fieles. Hay muchas iglesias y oratorios dedicados a la advocación de María, trono de la sabiduría. Hay un canto griego clásico a la Virgen María, El *Akathiskos* que dice:

> Salve, sagrario de la paciencia; salve despensa de la providencia; salve, por ti se confunden los sabios; salve, por ti el orador enmudece; salve, por ti se aturden sutiles doctores; salve, por ti desfallecen autores de mitos; salve, disuelves enredos de agudos

sofistas, salve, rellenas las redes de los pescadores; salve, levante de honda ignorancia; salve, nos llenas de ciencia suprema.

Causa de nuestra alegría

Tenemos muchos motivos, muchos, para sentir y afirmar que María es causa de nuestra alegría. Por ella nos han venido todos los dones y gracias que los hombres podemos soportar. Nos ha llegado, sobre todo, la Redención, el más grande de los dones. «El pueblo que caminaba en tinieblas ha visto una inmensa luz: sobre los que habitaban esta tierra de la oscuridad, una luz les brilló. Tú has multiplicado la alegría, has acrecentado el gozo, ellos se regocijan en tu presencia, como se gozan en la recolección de la cosecha» (*Is 9,1-5*). María era feliz en su cariño y servicio callado a José y al niño en Nazaret. Ésa era la voluntad de Dios y ella la aceptaba con gozo Y nosotros nos alegramos con la alegría de María. Su alegría es contagiosa. Jesús se refugió en el calor y en la ternura de María, sabía que su amor no iba a fallarle nunca y nunca le falló. Ni en la noche oscura de Belén, ni en la huida a Egipto, ni cuando sus vecinos hablaban de su hijo y sugerían que el hijo de José no podía hacer grandes cosas porque ya le conocían desde niño, ni en la hora asfixiante de la cruz. Nunca le falló. María es la causa de nuestra mayor alegría. Podemos declararla culpable de eso. Y es que saber que Dios nos ama, y María se sentía amada de Dios, es la mayor alegría que podemos experimentar los seres humanos. Si ella supo llevar con alegría las pruebas y dificultades de su vida, podemos mirarnos en ella, como en un espejo, para vivir también nosotros en la alegría de los hijos que se saben amados de Dios y podamos contagiar esta alegría cristiana a los que nos rodean. Su misteriosa alegría es la nuestra si sabemos descifrar bien su secreto, escondido en la Escritura: la fidelidad.

Vaso espiritual

Es muy expresivo llamar a María vaso. Un vaso es un recipiente transparente que es capaz de albergar algo en sí mismo, tiene capacidad de poder llenarse. El ser humano es como una vasija modelada por el alfarero divino que contiene en su interior todas las capacidades que Dios le ha dado a un vaso de arcilla. María ha salido de las manos del Padre Alfarero. Si nosotros fuimos modelados del barro de la tierra y somos como una vasija de arcilla, quebradiza y débil, María fue modelada de una pasta especial, diríamos que el Alfarero divino utilizó arena de sílice y carbonato de sodio y caliza y lo fundió a unos 1.500 grados centígrados. El resultado fue una vasija de vidrio transparente. Nosotros, de arcilla, ella de vidrio. Capaz de contener toda la gracia que Dios le regaló en virtud del nacimiento de su hijo. Llena eres de gracia, la dirá el ángel. Transparente había de ser quien iba a ser madre del Cordero inmaculado, transparente y puro. Ningún vaso ha tenido una misión más noble que María. En su seno albergó al más espiritual de toda la eternidad y solo por su contacto con Él, María se llenó de gracia espiritual para dar y repartir. María es el vaso espiritual por excelencia. Ha contenido en ella a Jesucristo, su Hijo, de manera libre y voluntaria: «Hágase en mí».

Vaso digno de honor

¡Qué mayor honor puede tener el vaso de María que haber contenido en su seno al mismo Hijo de Dios! Es un vaso que contiene en su interior toda la gracia posible. Se desborda y se derrama sobre toda la humanidad. Cuando decimos que alguien es honorable hablamos de que merece nuestra consideración. Está lleno de virtudes y dignidad en su decir y en su obrar. Esa gracia que se derrama sobre las personas va limpiando y purificando cuanto toca. María fue escogida desde el principio de los siglos como esposa del Espíritu, madre del Hijo e hija del Padre y por ser inagotable vaso de santidad se convierte para todos los cristianos en modelo de nuestra fe y consuelo de nuestra vida. Ella es vida, dulzura y esperanza nuestra. Por eso la llamamos bendita entre las mujeres.

Vaso de insigne devoción

La Iglesia ha visto siempre en María, la Virgen, una vasija, un vaso, lleno de gracia y de virtudes. No es una vasija agrietada por donde se escapa el amor divino. La segunda carta a los Corintios nos dice: «Llevamos en nosotros este tesoro en vasijas de barro para que se vea que tan sublime poder viene de Dios y no de nosotros» (*Cor 4,7*). María ha llevado en su seno toda la gracia divina posible. Es la llena de gracia. Esta sencilla mujer nazaretana, llena de virtudes, de fe y de piedad, ha colmado todas las expectativas humanas y divinas. ¡Qué preciosa criatura! Una mujer insigne de devoción como un vaso del cual podemos beber y alimentarnos.

Rosa mística

Esta advocación es del siglo pasado, siglo xx. Curiosamente, a pesar de su uso constante, no está aprobada por la Iglesia católica oficialmente, pero tiene dedicados santuarios y capillas para veneración de los fieles. Uno de los más conocidos es el Templo de la Rosa Mística en Montichiari, un santuario al aire libre, en Brescia (Italia). Su fiesta es el 13 de julio y se simboliza con tres rosas o tres espadas. Otro santuario dedicado a esta advocación es el de Cundinamarca en Colombia. Hay también santuarios dedicados a la Rosa mística en Argentina, en Paraguay y en otros muchos lugares.

Torre de David

En mi último viaje a Jerusalén he tenido la dicha de pasar por la Torre de David, un lugar donde, según la tradición, estuvo el palacio del Rey David. Es una antigua ciudadela construida en el siglo II a.c. en el barrio armenio de Jerusalén, muy cerca de la famosa puerta de Jaffa. Hoy alberga un museo de la historia de Jerusalén. ¿Pero por qué esta imagen de la torre de David aplicada a la Virgen María? Una torre es signo de seguridad y fortaleza. María es la seguridad y fortaleza de los creyentes. Refugiarnos en ella es sentirnos seguros de las artimañas del mal y de las insidias del enemigo. Con María resistimos mejor las asechanzas del enemigo. Ella es nuestra fortaleza.

Torre de marfil

Torre de marfil es una expresión que ya aparece en la Sagrada Escritura, exactamente en el Cantar de los Cantares: «Es tu cuello como torre de marfil». Se aplica a la Virgen porque la torre de marfil simboliza también la virginidad. Una torre es inexpugnable y el marfil es un material muy preciado con el que los artistas elaboran hermosas obras de arte. María es un material muy preciado y precioso. Es una obra de arte. Y la torre, unida al marfil se convierte en un corazón inexpugnable al mal y al pecado. La carcoma que destruye muchos tipos de maderas, lo tiene muy complicado con el marfil. María es la obra de arte más preciada. El color del marfil refleja el color blanco de la virginidad, sin mancha ni arruga. Refleja limpieza y belleza.

Casa de oro

No es fácil imaginar la belleza de una casa de oro. Su valor sería infinito, incalculable. Así es María, de un valor incalculable, que supera nuestros cálculos e incluso nuestra imaginación. María por su actitud de fe y confianza, por su disponibilidad, no tiene precio alguno. Tanto vale que Dios no se fijó en ninguna otra mujer sino solo en ella El ángel lo dijo: «Bendita tú entre las mujeres» ¿Se puede decir algo más grande de una mujer? Cuando Dios se fija en ella, le complace tanto que la escoge para madre de su hijo. Y ama tanto a la humanidad que nos la ha entregado como madre.

Arca de la Alianza

¿Qué era el arca de la Alianza? Como su nombre dice, era un cofre sagrado, mandado construir por Dios, donde se guardaban las tablas de la ley, lo más sagrado para el pueblo judío y, por eso, se guardaba en el lugar más santo del templo que había construido el rey Salomón. Allí estaba la ley de Dios, los mandamientos que Dios había entregado a Moisés en el monte santo del Sinaí. María es el arca donde se va a guardar por nueve meses el mayor tesoro divino, el mismo Dios encarnado. Y será arca de Dios durante toda su vida porque acoge la Palabra de su Hijo como fiel discípula y la guarda en su corazón. En este sentido, todos los cristianos estamos llamados a ser arcas de Dios, lugares donde Dios habita como habitó en María, arca de la Alianza. Un cofre sagrado para el pueblo cristiano como fue el arca de la Alianza para el pueblo judío.

Puerta del cielo

La puerta es un signo bíblico muy importante: «Yo soy la puerta y quien entra por mí encontrará la salvación». «Alzad, puertas vuestros dinteles, va a entrar el rey de la gloria» (*Sal 24,9*).

Para los cristianos, María es la puerta abierta que nos permite acceder a los misterios del Reino de su Hijo, a escuchar su palabra, a sentarnos en la mesa de la fraternidad. María nos abre las puertas y nos anima a entrar: «Haced lo que Él os diga». Y solo así podremos disfrutar de las promesas eternas.

Estrella de la mañana

Los marineros han tenido siempre como referencia y consuelo a la Virgen María. En medio de la noche y del mar bravío levantan la mirada a lo alto pidiendo auxilio. Y es ahí cuando descubren la estrella radiante de la mañana, una metáfora de la Virgen que ilumina la noche oscura y amenazante y señala el camino. Ella es la estrella, Cristo, el sol que nace de lo alto. Ella es consuelo y luz menor en la noche. Cristo es salvación y luz radiante en el día pleno de la resurrección. María precede a Cristo.

Salud de los enfermos

Cuando nos sentimos vulnerables y heridos, enfermos, castigados por la vida, acudimos a María y le decimos: «Vuelve a nosotros tus ojos misericordiosos y muéstranos a Jesús, fruto bendito de tu vientre», convencidos de que ella siempre nos acoge en nuestra debilidad. Del mismo modo que cuando nos sentimos enfermos y dependientes sabemos que nuestra madre va a estar cerca de nosotros y nos va a cuidar y proteger. No hablo por hablar, lo hago desde la propia experiencia personal. He estado mucho tiempo en el hospital recuperándome de una operación de alto riesgo y allí ha estado ella, mi madre, ya anciana, al lado de mi cama día y noche. En la madre tenemos la seguridad de que nunca nos van a faltar sus cuidados, incluso cuando ella necesita ya cuidados especiales.

La enfermedad del hombre, por excelencia, es el pecado. Y cuando acudimos a María lo hacemos pidiendo no solo por nuestra salud corporal sino, sobre todo, por nuestra salud espiritual que el pecado nos arrebata. «Establezco hostilidades entre ti y la mujer, entre tu descendencia y la suya. Ella te aplastará la cabeza mientras tú la hieres en el talón». Queremos ser como ella y en nuestra debilidad la invocamos «salud de los enfermos».

Refugio de los pecadores

Vamos descubriendo poco a poco, en el itinerario de la fe, que María es un lugar, un regazo, un cobijo para nosotros. En ella nos sentimos seguros. En nuestra pequeñez de pecadores hemos descubierto en ella su protección maternal. Si nos extraviamos o caemos en el camino, ahí está ella para mostrarnos a su Hijo y tendernos la mano. Ésta ha sido siempre la confianza del pueblo cristiano: que nunca abandona a sus hijos. Y en el mayor extravío de la humanidad, que es el pecado, ella se convierte en refugio seguro y bastión contra el enemigo. No tenemos nada que temer si la invocamos. No existe ninguna vinculación entre el pecado y la llena de gracia sino entre los pecadores y su madre. María no es refugio del pecado sin del pecador. La criatura más santa y excelsa es la protectora de quienes se alejan de Dios. María y el pecado son una antítesis, pero María y el pecador son uña y carne. Madre e Hijo, inseparables. Dios no quiere la muerte del pecador, sino que se convierta de su conducta y viva, y ahí tiene un papel indiscutible la madre.

Consuelo de los migrantes

Estamos viviendo un momento histórico y muy significativo en la actualidad referente al flujo constante de personas. *Migrar* es una palabra latina que significa moverse. Las bolsas de hambre, guerra, falta de oportunidades y ausencia de futuro en nuestro planeta obliga a muchos seres humanos a desplazarse buscando lugares más seguros y mejores para vivir con dignidad. ¡Es el fenómeno de la migración legal o ilegal! El papa Francisco, consciente de este gran drama, que ha convertido el Mediterráneo, por ejemplo, en un cementerio, como él mismo dice, nos ha querido regalar en el año 2020, una nueva advocación litánica: Consuelo de los migrantes. En el fondo quiere ser un toque de atención y una llamada urgente a tomar conciencia de este inmenso drama que está dejando a tantos muertos en el camino, de cualquier edad y condición. Es duro ver cómo mueren los adultos en las pateras, pero ver que mueren los niños ahogados en el mar abrazados a sus madres es algo que no puede dejar de conmovernos si aún queda algo de humanidad en nuestras carnes.

No podemos dejar de poner en brazos de María, la madre, este drama que viven nuestros semejantes. Le pedimos a la Virgen María que consuele a los migrantes y los guíe a puerto seguro y que, a la vez, remueva nuestro interior para que broten en nosotros actitudes solidarias. María también fue migrante con José camino de Egipto como lo han sido en estos días los habitantes de la frontera de Gaza, huyendo de la crueldad de los misiles o los latinoamericanos que van en procesión desde los países pobres de Perú, Honduras, Bolivia y México hacia la frontera de EEUU, viviendo momentos de riesgo y peligro para sus vidas y las de sus hijos. María migró también a Belén para cumplir la orden del censo decretado por César Augusto que hizo posible que Jesús naciera en Belén y así se cumplieran las Escrituras, como dijo el profeta Miqueas: «Y Tú, Belén, tierra de Judá, no eres, ni mucho menos, la más pequeña de Judá, pues de ti saldrá un caudillo que pastoreará a mi pueblo, Israel» (*Mt 2,6*). Bien podemos, pues, llamar a María: Consuelo de los migrantes. Ella sabe encarnarse —tiene experiencia de encarnación— en la realidad más sufriente de sus hijos migrantes.

Consoladora de los afligidos

«Allí junto a la cruz estaba su madre, María la de Cleofás y María, la Magdalena». María ha vivido el dolor más grande que puede vivir una madre: contemplar la muerte de su hijo. Es una experiencia tan dramática que difícilmente puede superarse a lo largo de toda la vida. He conocido madres que han vivido esta dura experiencia y son mujeres enterradas en vida. No hace mucho tiempo me decía una madre que ha perdido a su hija muy joven por un cáncer, que no podía verla sufrir y prefería que se marchara. Y después de morir me decía: «Mi dolor es infinito». No se puede definir mejor ese dolor de una madre ante la muerte de su hija. He querido dedicarle este libro como signo de mi amistad y mi apoyo en este tiempo tan difícil donde tendrán que criar y educar a su nieto, aún una criatura, que se ha quedado huérfano.

Esa misma experiencia la ha vivido la Virgen María. Esta mujer afligida hasta límites insospechados bien puede ser invocada como refugio y consuelo para nosotros que vivimos con mucha frecuencia la noche oscura del dolor. Recuerdo que en mi estancia en la UCI del hospital cómo cada vez que quería rezar me brotaba espontáneamente el recuerdo de la Virgen María, con su hijo en brazos, en muchas de las advocaciones que conocemos. Dios se ha manifestado en medio de su pueblo como consuelo cuando el pueblo se sentía oprimido. Pero la mejor manera de consolar a su pueblo ha sido enviándole a su Hijo, aunque el pueblo de Israel no lo haya querido reconocer aún como el Mesías Salvador. Simeón así lo manifiesta: «Ahora, Señor, puedes dejar a tu siervo irse en paz porque mis ojos han visto a tu salvador, a quien has presentado ante todos los pueblos, luz de las naciones y gloria de tu pueblo, Israel» (*Lc 2,22-35*).

Y este inmenso consuelo para la humanidad nos ha venido a través de María, la madre afligida al pie de la cruz. Ha vivido en primera persona aquella bien-aventuranza que dice: «Bienaventurados los que lloran porque serán consolados». Y el consuelo de María llega en la madrugada del domingo. «No está aquí, ha resucitado». El Concilio Vaticano II dice que «María, la Madre de Jesús, precede con su luz al pueblo de Dios peregrinante, como signo de esperanza segura y de consuelo» (*LG 68*).

Si es verdad que la humanidad vive en un valle de lágrimas, como rezamos en la salve, no es menos cierto que tenemos a quien nos consuele en este trance: la Consoladora de afligidos. El dolor es patrimonio común de toda la humanidad, creyentes o no creyentes, sufrimos el misterio del dolor, pero los cristianos sentimos un consuelo especial en la fuerza de la fe y en el ejemplo de María, unida al dolor de su Hijo en la cruz.

Auxilio de los cristianos

Fue san Juan Crisóstomo el primero que llamó a la Virgen María Auxiliadora, allá por el siglo IV en la ciudad de Constantinopla y san Juan Damasceno completó la letanía diciendo: «María Auxiliadora, ruega por nosotros». El Papa Pío VII ordena para la Iglesia la Memoria de María Auxiliadora, por ver cumplida la promesa que le había pedido a la Virgen: llegar a Roma libre de la tiranía de Napoleón que le tuvo en prisión. Más tarde, en el año 1860, la Virgen se aparece a san Juan Bosco y le pide que levante un templo en Turín bajo la advocación de Auxiliadora.

Algo que se han tomado muy en serio los salesianos que han difundido esta advocación por el mundo entero. No hay un alumno de los colegios salesianos que no profese un tierno amor y devoción a la Virgen Auxiliadora. María, madre de la humanidad, cuida, protege y auxilia a sus hijos, los hermanos de Jesús.

Redentora de cautivos

Como mercedario que soy, esta advocación produce en mí muchos sentimientos de emoción y gratitud, ¡Cuántas veces he rezado el rosario con mis hermanos, algunos realmente santos, introduciendo esta advocación de María Redentora de cautivos, precisamente en este momento de las letanías! Es una de las advocaciones más significativas de la Virgen, ligada a la cautividad y esclavitud de tantos hombres en la historia de la humanidad.

Esta advocación surge gracias a un laico, mercader de telas que, en Barcelona, allá por el año 1218, funda una Orden religiosa, la primera dedicada a la Virgen María. El siglo XIII es un siglo de grandes santos que marcarán con su huella y su santidad la historia de la iglesia y de la humanidad: san Francisco, santo Domingo, san Pedro Nolasco. Es este último, san Pedro Nolasco quien dedica su Orden religiosa a la Merced o misericordia de María inspirado en la figura de Cristo Redentor, ante cuya imagen de Jesús crucificado, según la tradición, oraba mientras lo contemplaba. La historia de redenciones de cautivos en África a lo largo del tiempo es un capítulo pendiente de ser escrita.

En un mundo donde todo se compra y se vende, Nolasco mostró una manera nueva de ser cristiano: regala la libertad a los cautivos de manera gratuita. Éste es el signo de la Merced de María: la libertad desde la gratuidad. Los mercedarios fueron descubriendo con el paso del tiempo que esta obra redentora está vinculada profundamente a la redención de los cautivos cristianos. María y redención iban de la mano.

La redención es, en el fondo, una obra de María en la conciencia de los frailes mercedarios. El papa Gregorio IX aprobó esta orden como obra de Dios y de la Iglesia en el año 1235 en Perusa. Enseguida se unieron a la obra redentora las mujeres mercedarias, unas como colaboradoras, de vida activa, y otras como contemplativas. En todos hay un lazo espiritual y afectivo que los une: la redención y el amor a María, la redentora de cautivos. Esta obra redentora de María es un don de su hijo Jesucristo. Y redimir es una obra que no se compra ni se vende, aunque cueste dinero, se regala. Porque merced significa gracia, misericordia. El Redentor por excelencia es Jesús y María es colaboradora del plan de redención de Dios. Es redentora de cautivos. Sin libertad la dignidad de la persona queda comprometida seriamente e impide una opción humana valiosa y seria. Nada más humillante que otros tengan que decidir por nosotros.

Reina de los Ángeles

Entre todas las criaturas del cielo, María ocupa un lugar especial por ser la elegida y preferida del Padre, madre del Hijo y esposa del Espíritu Santo. Es, sin duda, un ser angelical. Por eso los ángeles comprenden que ella es la Reina del cielo. Sin duda los ángeles cantan sus grandezas y sus virtudes y la sienten como reina suya. La misión de los ángeles es servir a Dios. La misión de María ha sido servir a su hijo desde su nacimiento hasta su resurrección y después servirlo desde la confesión de la fe, como una discípula más. Esta capacidad de servicio la convierte en un ser angelical, mucho más cuando Dios la ha ascendido al cielo y los ángeles la sirven y alaban por su maternidad divina. De ella hemos de aprender su actitud de servicio para parecernos cada día más a los ángeles y servir con ella al mismo Dios.

Reina de los Patriarcas

Cuando llamamos a María Reina de los patriarcas nos referimos a aquellos grandes personajes que están en el origen del pueblo escogido a través de los cuales Dios va dando a conocer su plan de salvación. Un plan que Cristo completa con su venida. Los patriarcas, Abrahán, Isaac, Jacob, hicieron posible, por su fe y su confianza, los designios de Dios para su pueblo. Ellos fueron modelos de fe para el pueblo escogido. ¿Y Por qué María es reina de los patriarcas? Por una razón esencial, porque ella, como los patriarcas, ha sido un ejemplo admirable de fe que hizo posible el plan de Dios en ella para su pueblo. Aunque las razones humanas parecen palidecerlo todo, María es capaz de darle color y esperanza a lo que Dios le va poniendo en el camino. Es la Reina de todos aquellos que, como los patriarcas, afrontan momentos difíciles y pruebas de la vida, con la confianza de que lo que Dios ha dicho se cumplirá. *Patriarca* es una palabra procedente del griego que significa jefe, líder. En medio de una historia convulsa y violenta, los patriarcas han conseguido transmitirnos la fe y la confianza en el futuro y en los planes de Dios para la humanidad. Podemos decir que José y María son los últimos patriarcas.

Reina de los Profetas

Jesús es el Profeta de todos los profetas, la culminación de las profecías, y María es su madre. Por eso podemos llamar a María, Reina de los Profetas. Jesús es la Palabra del Padre que se ha hecho carne entre nosotros. María misma es la profecía cumplida, según lo predijo el profeta Isaías en el capítulo 7: «El propio Señor os dará una señal: mirad que una virgen está encinta y dará a luz un hijo a quien pondrán por nombre Enmanuel». La samaritana le dice a Jesús en el pozo de Jacob: «Veo que eres un profeta» y todos nosotros, por el bautismo hemos sido consagrados como profetas, sacerdotes y reyes. Con el Nuevo Testamento desaparecieron los antiguos profetas porque ya no hacen falta, el nuevo profeta, Cristo, ha cumplido todas las profecías. Llega la culminación en la entrega del Mesías. Pierden el tiempo los nuevos profetas agoreros y los visionarios de infiernos y amenazas. Las profecías se han cumplido y todo lo revelado está contenido en los Evangelios. El Evangelio es motivo de esperanza porque es el Reino que llega. Dejen de meter miedo los visionarios interesados en algo que no es la misericordia y la ternura de Dios que hemos descubierto en Jesús de Nazaret. No más miedo ni amenazas, sí más confianza y entrega en los brazos del Maestro que nos ha dicho: «No tengas miedo, pequeño rebaño, porque el Padre ha querido regalaros su Reino» (*Lc 12,32*). Por tanto, rechazamos todas las falsas profecías que nos amenazan a diario con castigos eternos y llamas inextinguibles.

María, la madre es una señal de esperanza y confianza para sus hijos. María es profeta porque anuncia y proclama la grandeza de Dios en su canto solemne que proclama en la visita a su prima Isabel. En mi visita a Tierra Santa pude ver la iglesia de san Juan, construida por los reyes españoles, y desde allí, pasando por la fuente de la Virgen, donde María se encontró con su prima Isabel, subir hacia la montaña de *Ein Karen* donde se encuentra la basílica de la Visitación. Allí nos recibió una escultura muy linda de María e Isabel, en bronce, las dos embarazadas, y azulejos en las paredes del patio donde está escrito el Magníficat en las lenguas más importantes del mundo. Es aquí donde se sitúa, según la tradición, desde la época bizantina, la casa de Zacarías e Isabel, no muy lejos de Jerusalén. «Dichosa me llamarán todas las generaciones». En este hermoso santuario, el arquitecto italiano Barluzzi pretendió, y lo ha conseguido, reflejar los momentos de la historia en los que se canta la gloria de María. Es la Reina de los Profetas.

Reina de los Apóstoles

«Todos ellos perseveraban en oración, con un mismo espíritu, en compañía de algunas mujeres y con María, la madre de Jesús» (*He 1,12-14*). Sí, María ha sido de la comunidad apostólica, no en vano la llamamos Reina de los Apóstoles. Con los apóstoles, y entre ellos, vivió la experiencia de su hijo Jesús resucitado y ellos la sintieron madre y maestra en el camino de la fe. Llamarla Reina de los apóstoles es, simplemente, reconocer esa primacía que los apóstoles le concedieron en aquella primera comunidad cristiana. Ella, en Pentecostés, también recibe el don del Espíritu Santo que la convirtió en testigo privilegiado de la resurrección. Por eso la Iglesia celebra la fiesta de María, Reina de los apóstoles, muy cerca de la fiesta de Pentecostés. María recuerda aquel momento en que Jesús en la cruz, dijo a Juan: «Ahí tienes a tu madre» y ella se ha tomado muy en serio esta recomendación de su hijo. El beato Santiago Alberione, fundador de la Familia Paulina, se encomendó a esta advocación de la Virgen para que su obra carismática de apostolado en el mundo de la comunicación llegara a buen puerto.

Reina de los Mártires

María no vivió el martirio como tal, pero tuvo que sufrir en su vida un duro calvario de sufrimiento por ser fiel a la palabra empeñada: «Hágase en mí según tu Palabra». Por eso la llamamos también Reina de los mártires. Su martirio se fue forjando en su lucha diaria por vivir en fidelidad a Dios. Nunca se alejó del dolor si eso le permitía avanzar en su respuesta de fe y de fidelidad: en su camino a Belén para su censo, sin un lugar para dar a luz en una posada, en su amenaza, descubierta por los magos, por parte de Herodes y su huida a Egipto, en los comentarios que le llegaban sobre su hijo, hijo de un carpintero y, sobre todo, en el terrible momento de la cruz de su hijo. Su unidad con el dolor de su hijo es un verdadero martirio que le permite ser llamada reina de los mártires.

Reina de los Confesores

Los confesores son aquellas personas que por ser coherentes con su fe han llegado a extremos de sufrimiento y entrega muy significativos, pero sin llegar al martirio explícito. Algo que María ha hecho siempre desde el primer momento de su vocación de madre del Salvador. En María son evidentes las virtudes de la fidelidad, la coherencia, la constancia y el amor. La coherencia de María la ha llevado también al sufrimiento, como les sucede a todos los que desean vivir en fidelidad.

Reina de las Vírgenes

María no es reina al margen de su hijo, está unida a su hijo de manera muy estrecha. Ella forma parte del mismo Reino que su hijo ha inaugurado ya. Este título de Reina ya se le da a María desde los primeros tiempos. Honrar a María como reina de las vírgenes supone valorar e imitar este don de la virginidad e imitarlo en el camino diario de los creyentes. Todos estamos llamados a cultivar actitudes y a recorrer caminos hasta la virginidad, que es la cualidad de los limpios de corazón que un día verán a Dios. La virginidad es una manera de ver la vida con ojos limpios y de actuar con nobleza de sentimientos más allá de nosotros mismos, como hizo la virgen María, poniendo todo lo que somos, sentimientos, pulsiones, deseos, el mismo cuerpo, templo del Espíritu Santo, al servicio del Reino y todo lo demás se nos dará por añadidura.

Reina de todos los Santos

La santidad es la gran meta de la Iglesia y de cada uno de los creyentes. Es una vocación irrenunciable en la vida de cada cristiano, una meta necesaria. Es el deseo del Señor: «Sed perfectos como mi Padre celestial es perfecto». En medio de esa santidad de los mejores hijos de la iglesia destaca María, la madre de Jesús, la llena de gracia y abarrotada de virtudes. Los ángeles y los santos le ofrecen sus coronas a la Virgen María, coronada como Reina de todos los santos. Porque la vocación de todo cristiano es la santidad así no podemos dejar de mirar a la mujer que es un modelo de santidad para nosotros.

Reina concebida sin pecado original

La Virgen María fue creada pensando en que sería la madre del Salvador. Fue preservada para Él. Por eso Dios la creó sin mancha ni pecado alguno. La que había de ser madre del Salvador, de la absoluta perfección, no podía ser concebido en las entrañas del pecado. No, purísima había de ser la madre del cordero inocente e inocente creó a la Cordera divina. María fue concebida por eso Inmaculada, es decir, sin pecado original como nacemos todos los humanos. Esto es posible por los méritos de su Hijo Jesucristo. Ella tendría que haber nacido con pecado original como todos los hombres, pero por decisión del Padre Creador, en virtud de la misión que se le iba a encomendar, fue librada de este pecado, que está en el ADN de la humanidad, para ser cuna purísima y seno inmaculado para el Salvador. Se acercó el Ángel hasta ella y le dijo: «Alégrate, llena de gracia, el Señor está contigo» (*Lc 1,28*). Si ella es la llena de gracia, la santidad en su plenitud solo pudo nacer Inmaculada. Por eso la voz de la iglesia ha sido clara en este sentido y el 8 de diciembre de 1854, el Papa Pío IX definió como dogma la «Inmaculada Concepción de María» en su Bula *Inefabilis Deus*.

Reina Asunta a los Cielos

La Virgen María, creemos firmemente, fue elevada al cielo en cuerpo y alma. Ella no pudo ascender como su hijo porque no disponía del poder de su Hijo resucitado. Por eso le llamamos Asunción. Nada que ver con la Ascensión. Fue asumida al cielo por la fuerza y el poder del Espíritu Santo, del Resucitado y del Padre Creador. Ella se ha anticipado a lo que algún día será realidad en toda la humanidad: seremos resucitados.

La Asunción es también celebrada entre los hermanos ortodoxos como la Dormición. Solo ella entre todas las criaturas ha merecido este privilegio de anticiparse a toda la humanidad. Por eso, la Iglesia lo ha declarado un dogma de fe, una verdad que todos los cristianos deben hacer suya en su camino de fe. Un dogma es una verdad absoluta, irreversible, que la Iglesia define solemnemente y de manera infalible, a través de su Magisterio, porque ha sido revelada por Dios a través de la Palabra divina o de la Tradición. Este dogma fue proclamado por el Papa Pío XII en el año 1950, en la *Constitución Apostólica Munificentissimus Deus* después de que llegaran a Roma peticiones del mundo entero para que la Asunción de la Virgen fuera declarada dogma de fe con estas palabras: «Después de elevar a Dios muchas y reiteradas preces y de invocar la luz del Espíritu de la Verdad, para gloria de Dios omnipotente, que otorgó a la Virgen María su peculiar benevolencia; para honor de su Hijo, Rey inmortal de los siglos y vencedor del pecado y de la muerte; para aumentar la gloria de la misma augusta Madre y para gozo y alegría de toda la Iglesia, con la autoridad de nuestro Señor Jesucristo, de los bienaventurados Apóstoles Pedro y Pablo y con la nuestra, pronunciamos, declaramos y definimos ser dogma divinamente revelado, que la Inmaculada Madre de Dios, siempre Virgen María, terminado el curso de su vida terrena, fue asunta en cuerpo y alma a la gloria celestial».

Reina del Santísimo Rosario

La oración del rosario es la plegaria que pone a María como mediadora de nuestra súplica al Padre. Por eso la consideramos como la oración mariana por excelencia. Ella es la Reina del rosario. San Juan Pablo II en su carta *Rosarium Virginis Mariae* sobre esta oración del rosario, dijo: «La plegaria insistente a la Madre de Dios se apoya en la confianza de que su materna intercesión lo puede todo ante el corazón del Hijo» (n°. 16). Cada vez que rezamos el rosario ponemos a María como mediadora de nuestra oración hacia el Padre. Por eso el rosario es una oración eminentemente mariana.

Reina de la familia

Las letanías de la Virgen se han ido enriqueciendo con el paso del tiempo. Muchas veces la iniciativa la han tenido los papas, otras veces lo han provocado las necesidades urgentes del momento. Juan Pablo II, por ejemplo, vio la necesidad de incluir este título sobre María: Reina de la familia. Este título faltaba en las letanías y el papa vio que la protección de las familias en un momento como éste, era una necesidad.

La familia es el núcleo de la sociedad. Cuando algún poderoso quiere cambiar la sociedad, según su ideología, comienza atacando o queriendo cambiar la familia. Así se explican muchas políticas actuales sobre la familia. Cambia la familia y cambiarás la sociedad. Lo mismo para bien que para mal. La familia de Nazaret es un modelo ideal para todas las familias cristianas. Dios quiso que su Hijo naciera, creciera y fuera educado en una familia. Con esta invocación lo que queremos es pedir a la Virgen la protección para nuestras familias. Porque la familia es el lugar privilegiado para la transmisión de la fe y de los valores. En el amor de los padres reside el auténtico ambiente donde un niño puede crecer y madurar de manera equilibrada y serena. El lugar idóneo para aprender lo que es el compartir y la generosidad. El amor en familia es algo que nos marca y nos condiciona para toda la vida. Un lugar para aprender a afrontar los problemas de la vida que siempre vienen, como supieron afrontarlo en la familia de Nazaret. Cuando llegamos a vivir momentos extremos siempre pensamos en nuestra familia porque es para nosotros la referencia afectiva más importante.

Reina de la paz

El mundo presente está ansioso de paz. Entre la agresión de Rusia a Ucrania y la defensa de Israel contra la facción palestina de Hamás, el mundo occidental, sobre todo, se tambalea, porque estas guerras acaban sufriéndolas todos los vecinos e, incluso, el mundo entero. Hay muchos intereses geopolíticos y económicos en juego y todos se acercan a sacar tajada. «A río revuelto, ganancia de pescadores». Y mientras tanto un sufrimiento insoportable en la sociedad que afecta a los niños, a los ancianos, a las mujeres y a todos los civiles. Hemos perdido el norte y no sabemos hacia donde nos dirigimos.

Es en estos momentos difíciles cuando los cristianos miramos al cielo y descubrimos a la intercesora por excelencia, María. A ella le encomendamos nuestros anhelos de paz. Reina de la paz, mueve nuestros corazones para que seamos sensibles al dolor de nuestros hermanos y seamos instrumentos de paz. En aquel pueblo de Nazaret, ahora maltratado por la guerra, vivió una mujer que albergada una inmensa paz en su corazón. Sabía de quién se había fiado y eso llenaba de serenidad su corazón. María la mujer llena de paz y portadora de ella. Nada hace tan feliz como abandonarse en el regazo de la paz. Solo los que lo viven en primera persona lo pueden asegurar.

Epílogo

Estoy terminando este libro cuando ha comenzado un nuevo año y celebramos la fiesta de María, madre de Dios y reina de la paz. Un momento que se llena de recuerdos y nostalgias, porque cuando comienza un año nos sentimos empujados a mirar atrás y, a la vez, a contemplar con esperanza el nuevo año que hemos estrenado. Ojalá en este nuevo año María, la virgen madre, ocupe un lugar privilegiado en nuestro caminar creyente. Recuerdo que cuando visité la casa de María en Éfeso, algo misterioso y espectacular sentí al entrar en aquel recinto y lo mismo sintieron mis amigos que me acompañaban en aquel momento. Había una paz especial. Solo de pensar que ella había estado allí el vello del cuerpo se erizaba y un estremecimiento creyente me dominaba por completo. Recé el Ave María y creo que nunca he puesto tanto corazón en cada una de las palabras que pronunciaba sin hablar. En medio de una enorme fila de turistas que pasaban por allí, yo me sentí hijo amado de María, como el apóstol Juan, convocado a la fiesta de la mano de la iglesia. Una experiencia inolvidable, un cuarto evangelio, que me invitaba a la adhesión afectiva y creyente.

En estos días de guerras abiertas y crueles no podemos dejar de mirar a la mujer pacífica de Nazaret para que interceda por nosotros y nos regale el don de la paz, después de transformar nuestros corazones de piedra en corazones de carne sensibles, al dolor de nuestros hermanos. Las escenas de violencia y de muerte que estamos contemplando en el televisor son realmente escandalosas e impropias de una civilización avanzada. Reina y madre de la paz, intercede por nosotros, tus hijos.

Este libro no es un libro escrito desde la razón, sino que ha brotado de una pluma creyente. No pretendo enseñar, para eso ya están los grandes teólogos de nuestro tiempo, donde destacan especialmente las mujeres. Contamos ya con un grupo de teólogas que son las que más pueden ayudarnos por su sensibilidad de mujeres a penetrar en las entrañas creyentes de esta mujer, María de Nazaret. La psicología de las mujeres es una licenciatura más a la hora de entender a María, la virgen madre. En eso los varones no podemos estar a su altura.

Tiempos de mujeres y de madres que son las que llevan sobre sí mismas la gran responsabilidad de sacar adelante los hogares y la sociedad, cada día más con la ayuda de los varones. Las mujeres ocupan, por suerte para todos, cada día más, puestos de dirección y responsabilidad en las empresas. Nada de esto ocurría en tiempo de María; por eso no podemos juzgar la vida de María, en el siglo I, con la mentalidad de hoy sin caer en interpretaciones erróneas. Lo cierto es que la Virgen María tiene un papel esencial en la vida de los creyentes del siglo XXI. Una figura, además, que es vínculo de comunión y unidad con los hermanos ortodoxos que profesan un tierno amor a la Virgen y lo reflejan en multitud de iconos de una belleza espectacular.

Estoy escribiendo estas palabras cuando me llega un correo de un amigo poeta con este mensaje:

> Que sea leve el peso de tu equipaje,
> que tu mano se cobije en el hueco de tu mano,
> que disfrutes de cada momento del viaje,
> que contemples admirado y te ilumine por dentro
> la belleza de tantos, tantos paisajes.
> (*Miguel Ángel Mesa Bouzas*)

Y me ha parecido providencial. Porque estos hermosos versos me han sugerido la figura de María, la mujer ligera de equipaje, capaz de iluminarse ante el paisaje tan hermoso de su hijo entre pañales. La contemplación de la belleza de ese niño, sin duda, iluminó el corazón y el rostro de la virgen y ese recuerdo no la abandonaría nunca más. María fue capaz de disfrutar cada momento de su viaje en compañía de su hijo como discípula y creyente. En el hueco de su mano, hecha regazo, albergó la esperanza de su hijo, que es la esperanza de toda la humanidad.

Por eso ahora, nosotros, los discípulos de su hijo, tenemos un motivo más y un modelo para no perder el paso en el seguimiento de Jesús, la Vida plena que ilumina el mundo. Somos privilegiados y no lo sabemos.

Índice

PARADOJA DE LA INADVERTENCIA

Las miradas que no llegué a ver,
los encuentros perdidos,
las palabras que oí sin escuchar
me han asaltado esta mañana,
punzantes como la incertidumbre.
Por eso me arrodillo en mi jardín secreto
para llorar entre las rosas lilas.

EL ALIENTO DE LAS MARIPOSAS

Espiritualidad para tiempos líquidos
Alejandro Fernández Barrajón
200 páginas

Ser espiritual es multiplicar las posibilidades de estar traspasado por el mundo de Dios, estar dispuesto a recibir la fuerza y la bondad que Él da a sus criaturas, para así dar plenitud a nuestro vivir cristiano.

OTROS TÍTULOS DEL MISMO AUTOR

Saber escuchar

Saborear la Palabra

La cigarra o la vida Consagrada

Cerca de ti Señor

Dosis de ternura

No necesitan médico los sanos